목회 마스터 시리즈 · 1

# 현대 설교, 어떻게 할 것인가?

해돈 로빈슨
빌 하이벨스 공저
스튜어트 브리스코

김진우 옮김

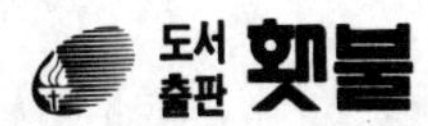

도서 출판 횃불

# MASTERING
# CONTEMPORARY PREACHING

## Bill Hybels
## Stuart Briscoe
## Haddon Robinson

MULTNOMAH

Portland, Oregon 97266

*Christianity Today, Inc.*

“

우리 주 예수
그리스도의 말씀처럼
능력있고 사람들을 변화시키는
설교자가 되시도록 늘 기도하며
____________님께
이 책을 드립니다.

”

MASTERING CONTEMPORARY PREACHING
© 1989 by Christianity Today, Inc.
Published by Multnomah Press
Portland, Oregon 97266

Printed in Korea

# 목 차

# 머리말

우리는 목사들을 위한 계간 저널, 「리더쉽(Leadership)」과 함께 일하는 중에 그들이 읽고 싶어하는 주제들을 찾기 위해서 우리 저널의 구독자들을 대상으로 가끔씩 조사를 하곤 한다. 그 주제 중에서 설교는 일관되게 가장 큰 주목을 받는 주제 중 하나로 꼽히고 있다.

교회들 역시도 설교에 관심을 가지고 있다. 한 주요 신학교는 지난 10년 동안 목사를 찾는 교회들로부터 수많은 문의를 받는다고 보고했다. "목사에게서 무엇을 기대하십니까?"라고 물었을 때, 설교가 교회의 목록 중 최고 순위를 차지하지 않은 것은 단 한 번 뿐이었다. 그리고 그 때에도 설교는 두번째 순위를 차지했다.

사람들은 교회에 나올 때 싫증을 느끼기 위해 오지 않는다. 전혀 설교를 분석해 본 적이 없거나 설교에 관한 책을 읽어 본 적이 없는 사람들조차 하나님께서 말씀하신, 자기들의 삶의 정황에 호소하는 적절하고도 믿을 만한 말씀을 듣기를 바라면서 교회를 찾아 오는 것이다.

그러나 오늘날 설교자가 받는 도전은 어느 때보다 더 크다. 한 목사가 리더쉽 편집진에게 다음과 같은 내용의 편지를 보냈다. "내 설교를 듣는 사람들은 점점 더 세속적이 되어가고 있습니다. 저는 그들이 기독교적 세계관을 가지고 있다고 생각할 수 없습니다."

또 한 사람의 목사가 이런 내용의 편지를 보냈다. "설교 도중에 성경을 인용했습니다. 그런데 예배가 마친 후에 한 방문객이 내게 '목사님은 무슨 의미로 그 숫자들에 관해 말씀하셨습니까?'라고 묻는 것이었습니다."

　오늘날, 우연히 예배에 참석하는 비교인들은 기독교의 메시지가 철저하게 생소하다는 사실을 발견하게 될 것이다. 어쩌면 정기적으로 교회에 출석하는 사람들조차 "행운의 수레바퀴"(Wheel of Fortune, 미국의 인기 있는 퀴즈 프로－역자주)보다 에스겔의 수레바퀴에 훨씬 덜 친숙할 것이다. 어떻게 하면 설교자들이 이십 세기 후반의 우리의 공동체들을 채우고 있는, 성경에 대해 무식하고 세속화된 사람들에게 효과적으로 전달할 수 있을까?

　이 책은 현대 설교가 직면하고 있는 도전들에 초점을 맞추고 있다. 이것은 "목회 정복" 시리즈의 첫번째 책이다. 이어지는 책들은 교회 경영, 전도, 예배, 목회 상담 등의 그밖의 사역 영역들을 다루게 될 것이다.

　우리가 **정복**이라는 말을 사용하는 것은 이 책들이 결정적인 말을 제공하리라는 의미가 아니다. 목회를 완전히 정복할 수 있는 사람은 아무도 없다. 우리는 끊임 없이 우리의 기술들을 평가하고 갈고 닦을 뿐 아니라 항상 성령을 의지해야 할 것이다.

　**정복**이라는 말은 하나님께서 우리에게 주신 능력들을 개선하는 과정을 의미한다. 숙련된 목사들조차도 다른 사람들로부터 배우기를 즐긴다. 한 재담가가 말했듯이, "진정한 교육은 수업이 끝날 때 시작된다." 적절한 자료를 찾아서 스스로 배우는 것은 일생 동안 효과적인 사역을 유지하기를 바라는 사람들에게 있어서 지극히 중요하다.

　목회 정복 시리즈는 계속 배우기를 원하는 숙련된 목사들을 위한 자료로 제공된다. 저자들은 목회의 특수 영역을 직접 체험한 사람들이며 "수업이 끝난" 후에 배운 교훈을 제공하고 있는 사람들이다.

　「현대 설교 정복」의 경우, 세 저자는 그 강단 목회를 통해서 폭 넓은 존경을 받고 있는 사람들이며, 스스로 계속해서 효과적인 전달에 대해 연구하고 있는 사람들이다. 각 저자는 설교 과업에 대해 서로 다른 관점을 제공하고 있으며, 사로 다른 독특한 방법으로 부름받은 사람들이다.

## 스튜어트 브리스코

스튜어트 브리스코는 15년 이상 위스콘신 주 밀워키의 브룩필드 교외 (Milwaukee, Wisconsin, suburb of Brookfield)에 소재한 엘름브룩 교회(Elmbrook Church)의 담임 목사로 사역해 왔다. 덧붙여서, 그와 그의 아내 질(Jill)은 활발한 순회 사역을 계속하고 있다.

스튜어트는 목사로 훈련받지 않았다. 사역에 발을 들여 놓기 전, 그는 영국의 은행 직원이었다. 그러나 그가 젊었을 때, 설교에 대한 생각이 그의 마음에 심겨졌다. 그는 어떻게 자기가 사역에 부르심을 받았는가를 이렇게 설명하고 있다.

"나는 목사가 될 생각이 전혀 없었습니다. 사업가가 될 생각이었던 겁니다. 십대였을 때 일을 시작하기 위해 어떤 마을로 이사를 갔습니다. 그때 내가 출석한 교회의 한 평신도가 내 나이가 몇 살인지를 묻는 것이었습니다.

나는 '열 일곱살 인데요'라고 말했습니다. 그러자 그는 '지금이 자네가 설교할 때일세'라고 말했습니다. 그건 정말 놀라운 일이었습니다. 하지만 나는 두 주 후에 그 작은 교회에서 최초의 설교를 하게 되었답니다. 그는 내게 설교 제목을 주었습니다. '자네 주제는 에베소 교회라네.' 그래서 나는 예베소서에 대한 모든 자료를 연구했습니다.

나는 그 첫번째 설교에서 내게 할당된 시간을 10분 초과했습니다. 그리고 첫번째 대지를 마쳤을 뿐이었습니다. 그래서 그가 이 주 후에 설교를 마치라고 말했고, 나는 그렇게 했습니다. 그러자 그는 내게 이렇게 말했습니다. '이 지역에는 설교자를 필요로 하는 작은 교회들이 많다네.' 그리고 그는 에베소교회에 대해 설교하도록 작은 교회들에 나를 보내기 시작했습니다.

그렇게 설교를 시작한 나는 다음과 같은 사실들을 발견했습니다.

(1) 나는 설교할 수 있었다. (2) 나는 설교하기를 좋아했다. (3) 내가

설교할 때 사람들이 축복을 받는 것 같았다. 결국 그 교회는 내 설교를 인정했습니다. 그리고 나는 내가 은사를 가지고 있음을 발견하게 되었습니다. 또한 나는 은사가 있는 곳에 소명이 있다는 사실을 배우게 되었습니다. 그리고 여러 해에 걸쳐서 그 소명 의식이 결정화되었습니다.

그래서 나는 이십 년 후에 사업계를 떠나 전임 사역에 뛰어들게 되었습니다."

그는 엘름브룩 교회에 목사로 부임하기 전에 '횃불 드는 사람들의 카펀웨이 선교회'(Capernway Missionary Fellowship of Torchbearers)를 위해 몇 년 동안 사역하였다. 그 교회는 현재 주일에 세 번, 토요일 밤에 한 번 예배를 드리고 있다.

### 빌 하이벨스

시카고(Chicago) 교외에 위치한 윌로우 크릭 교회(Willow Creek Community Church)에서 빌 하이벨스는 주일에 두 번, 토요일 밤에 한 번, 매주 평균 12,000명에게 설교하고 있다. 그 교회의 사역의 초점은 비교인들과 전통적인 교회 형태에 친숙하지 않거나 만족을 느끼지 못하는 사람들을 대상으로 설교하는 것이다.

빌은 일리노이주 파크 릿지(Park Ridge, Illinois)에서 선 시티 청년 사역(Son City youth ministry)을 시작함으로써 처음으로 주목을 끌었다. 그는 그 후 1975년에 윌로우 크릭 교회를 설립했다. 그 교회는 처음에는 한 극장에서 모임을 가졌고, 나중에는 사우스 바링톤(South Barrington)의 한 건물로 자리를 옮겼다. 그는 설교의 소명을 어떻게 이해했을까?

"성장할 때 나는 설교자가 되고 싶지 않았습니다. 나는 그 이유가 내가 성장한 특정 교파와 시골 교회에 선지자적인 음성과 신뢰할 수 있는 삶과 신앙의 증거를 가진 강하고 영향력 있는 하나님의 사람의 모델을 발견하지 못했기 때문이라고 생각합니다. 내가 들은 설교는 하이델베르그 신조 쪽으로 심하게 기울어진 것이었습니다. 그것은 강해 설교가 아니었습니다. 교리 설교였습니다. 신조 설교를 이십 년 동안 들은 사람 중에서 삶을 변화시키는 체험을 한 사람은 내가 알기로 한 사람도 없었습니다.

그에 더하여, 나의 아버지는 사업체를 가지고 계셨습니다. 그래서 나는 자라면서 시장이 나의 활동 무대가 되리라고 생각했습니다. 만일 내가 도전적이고 행동으로 가득찬 삶을 원했다면, 그 배경이 교회라는 배경은 아니었을 겁니다. 저는 교인들과 한 덩어리가 되기를 원치 않았습니다.

그런데 나는 십대 후반에 시카고 지역에 살고 있었습니다. 나는 내가 출석하던 교회의 청년부 담임 목사가 그 교회를 떠나자 젊은이들을 지도해 달라는 요청을 받게 되었습니다. 나는 청년 사역의 일부가 성경을 보고 그 청년들에게 이따금씩 경건한 생각을 부여하는 것이라고 생각했습니다.

실제로 일어난 일은 내가 설교와 가르침의 은사를 가지고 있다는 사실을 발견했다는 것입니다―그 당시 나는 영적 은사에 대해서 전혀 들어본 적이 없었습니다! 그러나 청년들은 내 입술을 통해 흘러나오는 하나님의 말씀을 듣고 있었을 뿐 아니라 영향을 받고 있었습니다. 이십 분 동안 설교하고 청년들로 하여금 그들이 들은 바에 기초해서 삶을 변화시키게 만든 것은 내게 있어서 압도적인 체험이었습니다. 나는 이렇게 약간은 판에 박히지 않은 일―성경을 가지고 서서 그것에 관해 이야기하는 것―이 그리스도를 위해서, 그리고 사람들의 삶 가운데 그렇게 유익한 능력을 발휘한다는 사실에 크게 놀랐습니다.

나는 영원의 관점에서 볼 때 인생의 메이저 리그(the major league of life)가 어쨌든 사람들의 삶 가운데 일어나는 긍정적인 변화를 목격하는 것이라고 분명히 말할 수 있었습니다. 그것은 부동산 거래를 마무리 짓거나, 상품을 팔거나, 여러 대의 트럭을 운영하는 것보다 훨씬 더 큰 일이었습니다. 그것은 내 삶에 차이를 낳고자 하는 나의 욕구에 연료를 공급했습니다. 그리고 하나님께서는 설교를 통해서 차이를 낳는 은사를 내게 주신 것처럼 보였습니다.

설교는 사람들의 마음을 부드럽게 하여 그들에게 영원한 영향을 끼칠 진리들을 받아들이게 해 줄 수 있습니다. 그러나 만일 내가 설교를 잘 하지 못하면, 설교는 그들의 마음을 굳어지게 만들고 하나님으로부터 멀어지게 만들 수도 있습니다. 나는 지금까지 15년 동안 설교를 해 왔습니다. 그런데 설교는 여전히 여러가지 면에서 나를 두렵게 만듭니다. 설교에 어떤 것이 걸려 있는지를 알기 때문입니다. 나는 성령의 속삭임을 한 번이라도 들을 수 있다면 기쁘게 시장으로 돌아가 다른 방법으로 그리스도를 위해 차이를 낳을 겁니다. 그러나 지금 당장 나는 부득이 설교를 할 수밖에 없습니다. 나는 바울이 고린도전서 9 : 16에 말한 것처럼 말할 수밖에 없는 것입니다. '만일 복음을 전하지 아니하면 내게 화가 있을 것임이로라.'"

### 해돈 로빈슨

해돈 로빈슨은 1979년 이후로 콜로라도 덴버 신학교(Denver Seminary in Colorado)의 학장으로 봉직했다. 그 전에 그는 텍사스 달라스 신학교(Dallas Theological Seminary in Texas)의 실천 신학 과장으로 있으면서 19년 동안 설교학을 가르쳤다. 그는 일리노이 대학(University of Illinois)에서 스피치 커뮤니케이션 박사 학위(Ph. D. in speech communication)를 받았으며, 그는 「성경적 설교(Biblical Preaching)」를 포함한 몇 권의 책을 저술했다.

그는 자신의 소명을 이렇게 묘사하고 있다.

"나는 설교자가 되기를 바라지 않았던 때를 한 번도 기억할 수 없습니다. 내 이름은 찰스 해돈 스펄전의 이름을 따서 이름 지어졌는데, 그것이 아마도 그 사실과 연관이 있을지도 모르겠습니다.

나는 어렸을 때 독서가는 아니었지만 스펄전의 전기, 「넓은 가장자리의 그림자(Shadow of Broad Brim)」를 읽었습니다. 나는 열두 살이 되었을 때 그의 예화집을 읽었습니다. 하지만 나는 설교 세계에 거의 도움이 되지 않는 뉴욕시의 빈민가에서 성장했습니다. 따라서 나는 청년기의 거의 대부분을 다른 어떤 것을 계획하면서 보냈습니다.

나는 이따금씩 일기를 쓰곤 했었습니다. 내가 알고 있었던 모든 위대한 사람들이 일기를 썼습니다. 그리고 그들은 위대한 통찰로 가득찬 놀라운 이야기들을 가지고 있는 것처럼 보였습니다. 내 일기의 내용은 주로 '일어났다, 학교에 갔다, 집에 왔다, 잠자리에 들었다'와 같은 것이었습니다. 나는 몇 주일을 그렇게 한 후에 결국 일기 쓰기를 그치고 말았습니다.

그러나 아버지를 달라스로 모시고 가기 몇 해 전에, 나는 열두 살 때 쓴 일기장 한 권을 우연히 찾게 되었습니다. 한 일기는 내가 시카고 무디 교회(Moody Church in Chicago)의 전 목사였던 해리 아이언사이드 박사(Dr. Harry Ironside)의 설교를 들으러 간 일을 기록하고 있었습니다. 내 일기에는 이렇게 적혀 있었습니다. '어떤 사람들은 한 시간을 설교하지만 20분 밖에 안된 것 같이 느껴지는가 하면 어떤 설교자들은 이십 분 동안 설교하지만 한 시간 처럼 느껴진다. 그 차이점이 뭘까?'

나는 그 질문에 답하기 위해 일생을 보낸 것 같습니다."


## 목회 정복의 목적

이 책을 만들어내는 과정에서, 「리더쉽」의 편집자들은 세 저자를 만나 그들과 함께 장 시간의 인터뷰를 가졌다. 몇 달 동안의 활자화, 편집, 토론, 교정 과정을 거친 후에, 우리 「리더쉽」 관계자들은 이 사람들의 통찰력에 감명을 받게 되었다. 그들은 설교 과업을 이해하고 있었으며, 효과적인 강단 사역에 헌신한 사람들이었다.

더우기 우리는 그들이 설교에 대한 그들의 관심을 함께 나눈 다른 사람들에게 보여 준 관심을 고맙게 여기게 되었다. 그들은 관대하게 시간과 전문 지식을 제공해 주었다. 그것은 다른 사람들이 그들의 기술을 모방하게 하기 위함이 아니라 좋은 설교의 중요성에 대해 곰곰이 생각해 보고 항상 오늘날의 교회들 내에서 설교 사역을 강화시키는 방법들을 발견할 수 있게 하기 위함이다.

하나님께서는 계속해서 "전도(설교)의 어리석음"으로 사람들을 자기에게로 이끌고 계신다. 설교들은 그것들을 듣지 않을 경우에 쓰고 버리는 문화(a throw-away culture)에 둘러 싸일 사람들에게 영생을 제공한다. 우리는 이 책과 이 시리즈의 나머지 책들이 목사들이 어떤 기술들을 정복하는 것 이상을 할 수 있도록 도울 수 있기를 기도한다. 우리는 이 시리즈가 우리 모든 사역자들이 사람들을 주님께 인도할 수 있도록 도와주리라고 확신한다.

—마샬 셀리

「리더쉽」편집인

일리노이주 캐롤 스트림(Carol Stream, Illinois)

# 1부
# 오늘날의 청중

세월이 사람들이 목사들을 보는 시각을 변화시켰다. 사람들이 우리를 사기 예술가들이나 속임수를 일삼는 자금 조달자들과 한 통속이라고 보지는 않을 것이다. 하지만 우리는 존경과 신뢰와 권위를 얻기 위해 경쟁하는 올림픽을 직면하고 있다.

—해돈 로빈슨

# 제 1장
# 설교자가 더 이상
# 어떤 권위를 가지고 있는가?

나는 사업가들을 대상으로 하는 성경 공부에 참석하고 있다. 그런데 최근 한 사람이 자기가 사업을 한 여러 해 동안 목사가 자기 사무실을 방문한 적이 한 번도 없다고 말했다.

또 다른 사람이 이렇게 말했다. "그건 당연한 일이지요. 목사님이라면 내 사무실에 있을 때 있지 말아야 할 곳에 있다고 느낄 겁니다." 스스로가 목사임을 고려한 나로서는 그에게 설명을 요구할 수 밖에 없었다.

"내가 아는 대부분의 목사들은 기껏해야 병원을 방문하거나 교회라는 환경 안에서 일합니다. 그것이 그들의 세력권인거죠." 그는 계속해서 목사들의 세계와 사업가들의 세계를 매우 다른 것으로 본다고 말했다. "목사는 혼자 일하거나 적은 수의 직원과 함께 일합니다. 그리고 그의 관심은 관계죠. 반면에 사업 세계는 이익을 강조하는 사람들에 의해 지배되는 보다 비인격적인 분위기입니다."

그는 이렇게 말했다. "목사들은 슬픔과 외로움과 인간 관계의 윤리 — 도둑질, 탐욕, 간음 등이 아니라 — 같은 문제들을 매우 잘 다룹니다. 하지만 그룹과 조직들 내에서 사람들이 직면하는 윤리적인 문제들에 대해 설교하는 목사들은 많지 않더군요."

커다란 건설 회사의 경영을 돕는 또 다른 한 사람이 그의 말에 동의하며 한 가지 실례를 제공했다. "한 친구가 죽으면서 우리에게 50만 불을 빚졌습니다. 그런데 그와 그의 아내는 15만 불의 가치가 있는 집을 소유하고 있었죠. 문제는 우리가 받을 돈을 받기 위해서 그 부동산에 대한 소송을 걸어야 하느냐는 겁니다. 그녀가 남편의 빚의 일부를 갚기 위해서 그 집을 잃어야 하는데도 말입니다."

그는 계속해서 이렇게 말했다. "만일 목사님이 회사를 소유하고 있다면, 목사님은 원하실 경우에 정상을 참작한 결정을 내리실 수 있을 겁니다. 하지만 목사님이 채권자들에게 돈을 지불할 책임이 있다면, 그리고 목사님이 할 일이 대손(貸損)을 징수하는 것이라면, 목사님은 어떤 결정을 내리시겠습니까? 목사님은 '15만 불이 그만한 가치가 없지 않느냐?'고 주장하실 수도 있을 겁니다. 하지만 그 집이 50만 불의 가치가 있다고 생각해 보세요. 그 집에 대한 소송을 거시겠습니까? 100만 불이라면 어떻게 하시겠습니까? 50만 불짜리 집에 대한 소송을 거는 것은 윤리적인 일이지만, 15만 불짜리 집에 대한 소송을 거는 것은 비윤리적인 일입니까?"

사업가들은 교회에서 아무도 이런 문제를 언급하는 것을 들은 적이 없다는데 동의했다. 하지만 그것은 인생의 보편적인 요소이다. 사업가들은 그렇게 어렵고 도덕적으로 모호한 문제들이 있는 곳에서 그들의 믿음을 따라 살아야 한다.

또 한 사람이 이렇게 말했다. "설교자가 절대적인 가치들과 옳고 그름에 관해서 이야기하고 있는 동안, 우리 대부분은 어두운 상황들을 다루고 있습니다."

또 다른 사람이 이렇게 말했다. "내가 다니는 교회의 설교자는 '하나님의 최선의 원수가 되는 좋은 것들'(the good being an enemy of God's best)에 관해서 이야기합니다. 하지만 내가 사는 세계의 사람들은 첫번째 또는 두번째 도덕적 선택을 다루고 있지 않습니다. 그들은 열두번째 또는 열세번째 선택으로 내려가 있다는 말입니다."

그 사업가는 이렇게 결론을 내렸다. "내 목사님과 그의 설교들을 고맙게 생각하기는 하지만, 그가 내가 살고 있는 세상에 관해서 설교하는 것은 드문 일입니다."

나는 그 대화에 당황했다. 모든 사람이 이 사업가들의 의견에 동의하지는 않을 것이다. 어떤 사람들은 목사가 좀 더 나은 삶에 대한 폭 넓은 문제들을 이해하는 데 도움을 줄 어떤 내용을 이야기 해주리라고 기대하면서 교회에 출석한다. 그러나 설교자가 그들 중 다수가 살고 있는 특정 세계에 대한 통찰을 가지고 이야기해 줄 수 있으리라고 기대하는 사람은 많지 않다.

## 변하는 시대

시대가 사람들이 목사들을 보는 시각을 변화시켰다. 오늘날의 보통 설교자는 그의 신분의 존엄성을 기초로 사역을 수행하지 않을 것이다.

한 세기 전에, 목사는 공동체 내에서 지혜롭고 정직한 사람으로 간주되었다. 목사의 **직분**에는 권위가 있었다. 목사는 교구 목사(parson)였다. 그는 대개 가장 훌륭한 교육을 받은 사람이었다. 또한 그는 사람들이 외부 세상을 이해하기 위해 도움을 청한 대상이었다. 그는 책을 읽고 연구하는 독특한 기회를 가지고 있었다. 그리고 그는 종종 공동체가 어떤 도덕적, 종교적 상황에 어떻게 반응해야 하는가를 결정하는 으뜸가는 대변자였다.

그러나 오늘날의 보통 시민은 목사와 설교자들에 관해서 다른 의견을 가지고 있다. 사람들이 우리를 사기 예술가들이나 속임수를 일삼는 자금 조달자들과 한 통속이라고 보지는 않을 것이다. 하지만 우리는 존경과 신뢰와 권위를 얻기 위해 경쟁하는 올림픽을 직면하고 있는 것이다.

사회의 경멸 —또는 사적이고 **영적**인(Private and Spiritual)이라는 라벨이 붙은 상자로 전락하는 것 —을 직면한 많은 설교자들은 권위의 문제와 씨름하고 있다. 왜 사람들이 우리에게 주의를 기울여야 하는가? 우리의 신뢰성의 근원이 무엇인가? 그러한 풍토에서, 어떻게 우리가 능력과 영향력을 가지고 복음을 전달하기 위해 필요한 정당한 권위를 다시 찾을 수 있는가?

내게 도움을 준 다섯 가지 지침을 제공하고자 한다.

### 표현되지 않은 감정들을 분명하게 말하라

오늘날의 회중들과 신뢰를 쌓는 한 가지 길은 사람들에게 여러분이 그들의 상황을 이해하고 있음을 알게 하는 것이다. 교회 신도석에 앉아 있는 많은 사람들은 설교자들이 또 다른 세계에 살고 있다고 생각한다. 교회 신도석에 앉아 있는 사람들은 성경에 기록된 먼 과거의 일들을 보고하는 보고자의 말에 정중하게 귀를 기울일 것이다. 하지만 그들은 이 설교자가 자기들의 상황에 대해 말하고 있다고 믿지 않는 한, 흥미를 갖지 않을 것이다.

이것이 내가 사람들에게 말하기 전에 사람들을 위해 말하는 이유이다. 여러분은 설교자의 설교를 듣고, **그래 맞아 ; 그것이 나의 반응이기도 해**라고 말하는 자신의 모습을 발견한 적이 있는가? 그 설교자는 여러분의 감정에 대해서 말했다 —어쩌면 여러분 스스로 표현할 수 있는 것보다 더 잘 표현했을 수도 있다. 여러분은 설교자가 여러분을 알고 있다고 느꼈다. 그는 여러분에게 여러분을 설명하고 있었다.

우리는 우리의 체험이 그들의 체험과 일치되고 있음을 보여 줄 때 사람들의 주의를 사로잡게 된다. 예를 들어, 설교자는 이렇게 말할 수 있다. "챔피언 결정전에 나가는 선수 명단에 타율이 1할 5푼인 타자가 좋은 자리를 차지하기는 힘이 듭니다. 여러분이 그를 어디다 두든 간에, 그가 좋은 자리를 차지할 수는 없는 것입니다." 청중들이 스포츠를 알고 있다면, 그들은 그 말이 사실인 줄 알고 있다. 그 설교자는 그들의 언어로 말하고 있는 것이다.

또는 그 목사는 연재 만화의 급소를 찌르는 문구를 취하거나, 「비즈니스 위크(Business Week)」, 「애드버타이징 에이지(Advertising Age)」, 또는 「월 스트리트 저널(Wall Street Journal)」에서 얻은 자료를 사용할 수 있다. 사업가는 그 설교에 공감할 것이다. 분명히 이 설교자는 이야기를 독점하기보다는 사람들이 중요하게 여기는 것에 대해 다룰 수 있다. 설교자는 예화들을 통해서 그의 학식, 생각, 삶에 대한 인식을 나타낸다. 어떤 설교자의 삶의 어떤 영역들이 청중들의 삶의 영역들과 일치할 때, 청중들은 그 설교자의 말에 더 귀를 기울일 것이다. 그럴 때 그는 신뢰를 얻게 된다. 효과적인 설교의 요소는 회중의 삶과 연결되는 특정한 자료를 사용하는 것이다.

### 눈에 보이지 않는 회중

효과적인 설교자들이 청중과 관계를 갖는 또 한가지 방법은 설교를 준비할 때 책상 주위에 일고 여덟 명의 특정한 사람들을 마음 속으로 함께 앉히는 것이다. 나는 마치 그들이 거기 있는 것처럼 실감나게 마음 속으로 그런 위원회를 열어 왔다.

그 그룹에는 거리낌없이 말하는 냉소적인 친구가 앉아 있다. 나는 자료를 검토할 때, 때때로 그가 이렇게 탄식하며 말하는 것을 듣게 된다. "농담이겠지, 로빈슨. 그건 종교를 빙자한 찌꺼기 음식이야. 자넨 어떤 세상에 살고 있는건가?"

또 한 사람은 단순한 신자인 나이든 여자다. 그녀는 설교자와 설교를 매우 진지하게 취급한다. 나는 설교를 준비할 때 이렇게 묻는다. "그녀를 곤란하게 만들 질문을 제기하고 있는건 아닐까? 내 설교가 그녀에게 도움이 될까?"

그 그룹에 속한 한 십대가 내가 얼마나 오래 설교할건가를 생각하고 있다. 그에게 계속 흥미를 느끼게 만들 수 있는 한, 나는 설교가 더 짧게 여겨지게 만들 수 있다.

한 이혼녀가 외로움을 느끼고 상황에 압도된 채로 자리에 앉아 있다. 나는 그녀에게 무슨 말을 해야 하는가?

그들이 일곱 사람 중 네 사람이다. 또 한 사람은 종교적인 특수 용어를 이해하지 못하는 비신자이다. 그는 이유도 제대로 모르면서 교회에 출석해 왔다. 또 한 사람은 부두 노동자이다. 그는 노동 조합을 강력하게 지지하고, 경영이 착취라고 생각하고 있다. 그리고 화가 나면 욕설을 내뱉고, 목요일 밤에는 볼링을 즐긴다.

마지막 사람은 흑인 교회에 다니고 싶어하지만 자기 남편이 아이들에게 좋다고 생각하기 때문에 백인 교회에 나오는 흑인 교사이다. 그녀는 신자이다. 그러나 그녀는 인생에 대해서 분노하고 있다. 그녀는 인종차별주의자의 말과 여성 차별에 민감하다. 그녀는 내 설교가 성경적인 절대 가치들인 것처럼 치장된 백인 중산층에 집중될 경우, 그 사실을 내게 알려 줄 것이다.

나는 때때로 그 그룹을 바꾼다. 그러나 그들은 모두 내가 아는 사람들이다. 그들에게는 이름과 얼굴과 음성이 있다. 나는 그들 각자에 대한 약력을 기록할 수 있다. 그들 각자는 그 사실을 모르고 있지만, 내 설교 준비에 중요한 기여를 하고 있는 것이다.

## 복잡성을 인정하라

함께 직시하자. 삶은 복잡하다. 그러나 우리는 때때로 그렇지 않은 것처럼 설교한다.

언젠가 내가 사랑에 대해 설교한 후에, 한 남자가 일어서서 이렇게 말했다. "목사님은 사랑이 언제나 다른 사람들의 최선을 구하는 것이라고 말씀하셨습니다."

"그렇습니다."

"좋습니다. 하지만 제 직업이 이 회중에 속한 또 한 사람과 경쟁을 하게 만듭니다. 저는 제 상품을 그의 상품보다 싸게 팔 수 있게 해 주는 효과적인 경영을 하고 있습니다. 사랑한다는 것이 어떤 행동입니까? 그 보다 값을 싸게 해서 그의 고객들을 뺏는 겁니까? 아니면 가격을 거의 비슷하게 유지하는 겁니까?"

내가 대답을 하기도 전에 그는 계속 말을 이어갔다.

"하지만 그것이 가장 어려운 부분은 아닙니다. 꼭 같은 상품을 파는 큰 회사가 마을에 들어 왔습니다. 저는 스스로 사업을 유지하기 위해서 경쟁을 해야 합니다. 그래서 같은 교회 교인을 파산에 빠뜨릴 정도로 무지막지하게 가격을 떨어뜨려야 할지도 모릅니다."

"저는 이 사람을 사랑하고 싶습니다. 우리는 같은 주일학교 반에 속해 있습니다. 저는 리틀 리그(little league)에서 그의 아이들을 코치하고 있습니다. 저는 그를 위해 가장 좋은 일을 하고 싶습니다. 하지만 저는 생존 경쟁을 벌여야 합니다. 왜 설교자들은 사랑에 관해서 이야기할 때 이런 문제들에 대해서는 이야기해 주지 않는 겁니까?"

우리는 권위를 가지고 설교하기 위해서 가정과 시장에 있는 그리스도인들의 입장에 처해보아야 한다. 문제들이 아무리 어둡다 하더라도, 우리는 기꺼이 "나는 목사로서 어려운 질문들에 관해서 이야기해야 한다"라고 말해야 한다. 우리는 설교를 함에 있어서, 문제들의 복잡성을 인정해야 한다. 어떻게 그렇게 할 수 있을까?

첫째로, 단순히 그 긴장을 인정하고 그것을 지적하는 것이 유익하다. 모든 진리는 긴장 안에 존재한다. 하나님의 사랑은 하나님의 거룩하심과의 긴장 관계 안에 존재한다. 능숙하게 사랑과 공의를 적용하는 것은 쉬운 일이 아니다.

나는 하나님께서 정직한 시도를 존중하신다고 믿는다. 사람들은 그 사실을 알 필요가 있다. 때때로 나는 우리가 바른 동기를 가지고 그릇된 결정을 내리리라는 사실을 지적할 것이다. 그것은 그릇된 동기를 가지고 바른 결정을 내리는 것과 매우 다르다. 내가 아는 한, 성경은 어떤 행동이 본질적으로 바르다고 결코 말하지 않는다. 동기를 떠나서 바른 행동은 아무 것도 없다. 분명히, 성경이 나쁘다고 말하는 행동들—살인, 거짓말, 간음—이 있다. 그러나 바른 행동을 분류하는 것은 쉬운 일이 아니다.

예수님께서는 기도하러 성전에 올라간—한 사람이 의롭다 하심을 받고 다른 한 사람이 그렇지 않다는 사실을 제외하고는 훌륭한 종교적인 행동처럼 들린다—두 사람에 관해서 말씀하고 계신다. 또한 예수님께서는 헌금하는 사람들—다른 사람들에게 보이기 위해서 헌금하는(그것은 좋지 않은 일이다) 어떤 사람들을 제외하고는—에 관해서 말씀하고 계신다.

그러므로 하나님의 경륜(經綸)에 있어서는 동기가 핵심 요인이다. 우리 설교자들이 권위를 가지고 사람들에게 말할 수 있는 사실 중 하나는 다음과 같다. "이러한 상황에서, 삶을 능숙하게 다루고 바른 결정을 내리는 것이 중요합니다. 그러나 우선적이고 더 중요한 결정은 무엇이 여러분에게 동기를 부여하느냐는 것입니다. 여러분은 이 상황에서 기꺼이 하나님의 대표자가 되겠습니까? 관련된 사람들의 삶의 최선을 구하고 계십니까? 종종 그러한 결정들을 내리기가 혼란스럽습니다. 우리에게는 지혜가 필요합니다. 그것이 그리스도인 친구들과 기독교적인 상담이 여러분에게 제공하는 것입니다."

## 권위를 가지고 말하라

물론 설교자들은 "함께 씨름하는 자들" 이상이어야 한다. "당신은 실패자입니다. 나도 실패자입니다. 함께 계속 실패합시다"라는 말로 도움을 받는 사람은 아무도 없다.

사람들은 여러분이 여러분 자신의 충고를 받아들였다고 믿고 싶어한다. 그리고 여러분이 도착하지 않은 동안 여러분이 오고 있는 중이라고 믿고 싶어한다. 여러분은 세 사람의 1할 타자를 보고 배움으로써 결코 3할 타자가 되지 못할 것이다. 평균 타율이 3할 2푼 5리 정도 되는 타자를 보고 연구해야 하는 것이다. 때때로 삼진 아웃을 당하기는 하지만, 그는 공을 치는 법을 알고 있다.

마찬가지로, 우리는 우리가 섬기는 사람들의 필요와 체험들을 같이 한다. 우리는 모든 면에서 그들과 같은 인간인 것이다. 그러나 우리의 과업은 평범한 대화와 질적으로 다른 말을 하는 것이다. 효과적인 설교는 그 두 가지를 결합하여 사람들에게 그들이 지금보다 나은 존재가 될 수 있다는 소망을 준다.

그 결합이 바를 때, 우리는 권위를 가지고 설교하게 된다. 권위를 가지고 말한다는 것은 여러분이 숙제를 마쳤음을 의미한다. 여러분은 여러분이 섬기는 사람들의 갈등과 상처를 알고 있다. 그러나 그와 동시에 성경과 신학도 알고 있다. 여러분은 성경을 분명히 설명할 수 있다. 설교자들은 사람들에게 성경을 지적해 줄 때 권위주의자가 되는 것이 아니다. 빌리 그래함은 설명할 때, "성경이 이렇게 말씀합니다"라는 말을 사용한다. 그는 그 스스로의 권위가 아니라 또 다른 것 — 하나님의 말씀 — 을 의지하고, 그 권위가 어떻게 사리에 맞는가를 보여 준다. 우리는 성경적인 설교를 실천할 때 신뢰를 얻는 데 도움을 받게 되는 것이다.

반면에 권위주의자는 성경적인 사실들과 비성경적인 사실들을 동일한 어조로 말하는 사람이다. 주제가 수퍼 보울(super bowl, 미식축구 결승전 — 역자주)이든지 아니면 재림이든지, 동일한 확신을 가지고 내려진 판단이 전달되는 것이다.

나는 어느 날 밤 아내 보니(Bonnie)가 내게 이렇게 말했을 때 그 차이를 깨닫게 되었다. "당신은 성경을 너무 가까이 해 왔어요. 정치부터 스포츠에 이르기까지 당신이 말하는 의견은 당신이 갈라디아서에 대해 설교할 때와 꼭 같은 어조로 들려요." 그런 함정에 빠지기란 쉬운 일이다. 진정한 성경적 권위가 결여된 권위주의적인 어조는 아무 의미도 없는 소리에 불과한 것이다.

권위를 가지고 말할 때, 우리는 당황하지 않고 성경의 메시지를 설교하게 되지만, 그와 동시에 우리가 믿음을 삶에 맞추는 법을 항상 알고 있는 것은 아니라는 사실을 전달하게 된다.

## 묘사의 정확성을 기하라

권위는 또한 신실하지만 사실들을 왜곡하지 않는 실적(a track record)으로부터 임한다. 본문의 배경을 정의하고 있든지 아니면 적절한 예화를 전달하고 있든지 간에, 정의를 내리고 묘사를 함에 있어서 정확성을 기하는 것이 특히 중요하다.

나는 언젠가 뱀에 대한 예화를 하면서 뱀을 "끈적끈적하고 독이 들어 있는 피조물"이라고 묘사했다. 그러자 한 여자가 후에 나를 찾아 와서 이렇게 말하는 것이었다. "뱀들은 끈적끈적하지 않아요. 건조하답니다. 그리고 대부분의 뱀들은 독사가 아니예요." 그녀는 동물원에서 일했기 때문에 나의 묘사 중 부주의한 부분을 집어낼 수 있었다. 그 결과로, 나는 내가 말한 나머지 부분에 대해서 의심할 이유를 그녀에게 제공했던 것이다.

정확성을 기할 필요성은 적대적이거나 지지도가 덜한 청중에 대해 특히 심각하다. 그들은 여러분이 말해야 하는 나머지 부분을 듣지 않을 이유로 삼기 위해 사소한 실수들에 초점을 맞출 것이다.

그처럼 중요한 이해 관계들을 염두에 둘 때, 우리는 우리의 전문 영역

밖의 영역에서 취한 예화를 사용할 필요가 있을 때 무엇을 말해야 하는 가? 그 대답이 내가 최근에 들은 한 설교에 담겨져 있다. 그 설교자는 영국 출신이었다. 그는 야구에 관해서 이야기함으로써 미국인 청중과 일체감을 가지려 하였다. 그는 "사루타"(four-base hit)에 대해서 언급했다. 야구 팬들은 사루타가 아니라 홈런(homer)이라고 부른다는 사실을 안다. 그것이 그 설교에 대해서 흥미를 잃게 만들지는 않았다. 하지만 나는 **그가 야구를 모른다**고 생각했던 것을 기억한다. 그것은 우리를 서먹서먹하게 했다. 그의 신뢰도가 떨어졌던 것이다.

그러나 그는 단순히 이렇게 인정함으로써 어려움을 벗어날 수 있었다. "보십시오, 저는 야구에 대해 문외한입니다. 하지만 저는 야구 구경을 즐겼습니다. 제가 야구 경기를 보고 있었을 때 이 일이 일어난 겁니다." 그렇게 하면 사람들은 그 설교자가 이 문제에 대해서 권위를 가지고 이야기하고 있는 것이 아니라는 사실을 이해하게 된다. 그리고 그들은 덜 정확한 용어로 이야기할 수 있도록 허가하는 것이다.

몇 해 전에 처음으로 덴버 신학교에서 강의를 시작했을 때, 나는 교수진의 또 한 사람의 교수인 찰스 라이리(Charles Ryrie)에게 젊은 교수에게 유익한 권면을 해 줄 수 있겠느냐고 물었다. 그는 이렇게 대답했다. "자네와 견해가 일치하지 않는 사람에 대한 사실을 말할 때마다, 자네의 상대가 강의실 앞 좌석에 앉아 있다고 상상하게. 그가 '그래, 그것이 내가 믿고 있는 바야'라고 말하게 될 방식으로 그의 입장을 말하게. 그러면 자네는 그 입장에 이의를 제기할 수 있을걸세."

강의실을 위한 그 권면은 강단을 위해서도 훌륭한 권면이다. 다른 누군가의 입장을 그 사람이 거부할 방식으로 묘사하는 것은 부정직한 일이다. 다른 관점들에 대해서도 정확성과 공정성을 기하는 것은 우리의 신뢰도 또한 높여 준다.

## 인격을 나타내라

교회 지도자들에게 있어서, 진정한 그리스도인의 인격보다 더 정당한 권위와 신뢰도에 기여하는 요인은 아마 아무 것도 없을 것이다. 그것은 아리스토텔레스가 **에토스**(ethos)라고 부른 것이다. 신약 성경의 용어를 사용하자면, 그것은 성숙하고 고결한 것이다. 그것은 여러분의 존재이다. 존재는 언제나 행위보다 중요하다. 오늘날, 만일 우리가 강단에서 신뢰를 얻기 원한다면, 진정한 인격을 나타내야 한다.

그러나 어려운 것은 사람들이 목사의 인격을 어떻게 이해하느냐에 따라 신뢰가 임한다는 것이다. 이것은 목사의 실제적인 존재와 일치할 수도 있고 그렇지 않을 수도 있다. 그리스도와 사역에 헌신한 일부 목사들은 자기들의 진정한 인격을 감추는 방법으로 자신을 드러낸다. 어떤 남자 목사는 용감하면서도 나약하게 인식될 수 있다. 또 어떤 목사는 깊은 확신을 가지고 있으면서도 소홀하고 지루한 것 같은 인상을 줄 수도 있다. 사람들이 우리의 인격, 영적 생활, 그리고 가정 생활을 어떻게 이해하느냐는 그들이 우리의 사역에 어떻게 반응하느냐와 큰 연관을 가지고 있는 것이다.

효과적인 설교의 한 부분은 제시하는 내용과 내적인 확신을 조화시키는 능력이다. 우리가 주는 이미지는 우리의 신뢰도에 영향을 끼칠 것이다. 강단에서 나타나는 모습은 사람들이 어떻게 반응하는냐에 영향을 끼칠 것이다. 일례로, 나는 그리스도인의 삶에 있어서의 제자도와 질서의 중요성을 마음 속으로 확신하고 있다. 어떻게 그 확신과 일치하는 방식으로 나 자신을 나타낼 수 있을까? 사람들은 처음 삼십 초 동안 들을 것인지의 여부를 결정한다. 하나님께서는 마음을 보신다. 하지만 우리 문화에 속한 사람들은 외모를 본다. 내 복장이 흐트러져 있나? 구두에 광을 내야 하나? 내가 오십 파운드 정도 체중이 초과하고 있다면, 사람들은 내가 절제하지 못하고 있거나 나 자신에게 부주의하다고 생각할 수도 있을 것이다.

장기 사역의 분명한 한 가지 장점은 목사가 인식과 실재를 일치시킬 수 있는 더 좋은 기회를 제공한다는 것이다. 장기 목사는 어떤 독특한 외모 보다는 그의 행동 양식을 근거로 판단받기 마련이다. 사람들이 아마 이렇게 말할 것이다. "목사님은 사랑을 말씀하실 뿐 아니라 사랑을 베푸셔. 그는 우리가 그를 필요로 했던 우리 가정의 위기 시에 함께 계셨어." 돌보는 삶은 덜 중요한 많은 설교들을 감쌀 수 있는 것이다.

물론, 그 뒷면에는 우리가 오랜 세월을 두고 잊어야 할 일들을 겪을지도 모른다는 가능성이 자리잡고 있다. 내가 아는 한 목사는 제직회에서 이성을 잃고 화가 난 채로 귀에 거슬리는 말을 했다. 몇 달이 지난 지금, 그가 강단에 설 때, 어떤 사람들은 정신적으로 그 기억을 되살린다. 동일한 상황에 처했던 또 다른 한 목사는 자신이 잘못 화를 낸 것을 인정하고 공적으로 용서를 구했다. 그는 용서를 받았다. 그의 경우에, 사람들은 자기들이 강단에서 보는 사람이 진실하고 정직한 사람이라고 배우게 되었던 것이다.

에토스는 진정한 사역―개인들을 위해 기도하고, 사람들의 이름을 기억하며, 위기 시에 그들을 돌보는―으로부터 임한다. 그리고 그것은 사람들이 직면하고 있는 갈등을 인식하고 파악하며, 하나님께서 주시는 적절한 말씀을 제공할 때 임한다. 이 모든 것이 우리의 인격을 형성한다. 그리고 이 인격은 우리 설교자들이 우리가 섬기는 사람들 중에서 정당한 권위를 얻고자 애쓸 때 절대로 필요하다.

오늘날의 비교인들은 결국 소비자들이다. 우리가 좋아하지 않는다 하더라도, 그들은 우리가 하는 모든 설교에 대해서, "내가 그 주제에 관심이 있는가 없는가?"라고 묻는다. 만일 관심이 없다면, 우리의 전달이 얼마나 효과적이냐 하는 것은 문제가 되지 않는다. 그들의 마음이 떠날 것이기 때문이다.

—빌 하이벨스

제 2장

# 세속화 된 마음에 이야기하는 법

어느 날 교회에서 집으로 차를 몰고 가던 나는 할리 데이빗슨(Harley-Davidson, 미국에서 생산하는 오토바이 상표 — 역자주)을 탄 남자 뒤에 차를 세웠다. 나는 그 오토바이 뒤에 범퍼 스티커가 붙어 있는 것을 보고 더 가까이 차를 세웠다. 거기에는 이렇게 적혀 있었다. **죄책감은 꺼져라.**

충격이 점차로 사라진 후에, 나는 그의 세계가 내가 막 떠난 세계—그리고 한 세대 전의 세계와 비교할 때조차도—와 너무나 다르다는 사실에 충격을 받았다. 나는 '내가 한창 젊었을 때, 우리는 죄책감을 느꼈었다'라고 생각했다. 그런데 이제는 "죄책감을 느끼지 않는다"가 아니라 "죄책감은 꺼져라"가 된 것이다. 나는 손길을 뻗치도록 우리가 부름 받은 오늘날의 비교인들이 점점더 세속적이 되어 가고 있음을 발견하게 된다.

여러분의 말이 보증(保證)이고, 결혼이 영구적인 것이었으며, 윤리가 당연시 될 때가 있었다. 얼마 전까지만 해도 천국과 지옥이 문제되지 않았으며, 가난한 자들을 돕는 것이 훌륭한 사람이 되는 것의 중요한 일면이었다. 사람들은 과시적인 소비가 과시적이라는 이유 때문에 얼굴을 찌푸렸었다. 또한 "자기 중심적"이라는 꼬리표는 그것이 여러분의 인격에 관한 어떤 끔찍한 사실을 이야기하는 것이라는 이유 때문에 어떤 대가를 치루고서라도 피해야 했던 것이었다.

오늘날 그 모든 것이 달라졌다. 달라졌을 뿐 아니라 사람들이 이전에 어땠는지를 거의 기억하지도 못하고 있는 것이다.

### 왜 우리가 새로운 접근방법을 필요로 하는가

그러나 많은 교회들은 여전히 비그리스도인들이 교회 문을 통해 들어와서, 편안함을 느끼고, 하나님의 주권과 예수 그리스도의 구속 사역을 이해하며, 하루 아침에 세속적인 세계관을 완전히 바꾸리라는 생각을 가지고 운영되고 있다.

이십 년 전만해도 그것은 무리없는 희망이었다. 세속적인 세계관은 하나님의 뜻으로부터 그렇게까지 단절되지 않았었다. 사람들은 그리스도의 말씀을 듣고 "글쎄, 그 말이 맞는군. 나는 죄인이야", "술을 그만 마셔야지", 또는 "정말 아내에게 성실해야지"라고 말할 수 있었다.

오늘날 우리가 동일한 것—그리스도께 대한 헌신—을 찾고 있다 하더라도, 세속적인 사람이 이해하기에, 우리는 훨씬 더 많은 것을 요구하고 있다. 오늘날 그리스도인이 된다는 것은 사람들에게 그저 진지해질 것을 요구하지 않는다. 그것은 사람들을 혼비백산케 만들고 있는 것이다.

최근 나는 진실을 말하는 것에 대해 설교했다. 그 후 한 남자가 나를 찾아와서 이렇게 말했다. "목사님은 무슨 말을 하고 계시는지를 이해하지 못하고 계십니다."

나는 그에게 "제가 뭘 모른다는 말씀이죠?"라고 물었다.

"목사님은 강단에서 목사들이 하게 되어 있는 일―진리에 대해 이야기 하는 것―을 하고 계십니다. 하지만 제 직업은 목사님이 방금 말씀하신 것 중에서 다섯가지를 어길 것을 요구합니다. 그것이 제 직업의 특징입니다. 저는 '정직'한 동시에 일자리를 지킬 수 없습니다. 목사님은 제게 어떤 가치 체계를 채택하라고 요구하고 계시지 않습니다. 목사님은 제게 봉급과 직업을 포기하라고 말씀하고 계신 겁니다."

나는 그 날 밤 우리 설교자들에게 나름대로 해야 할 일이 있음을 상기했다.

우리가 선택하는 주제들, 성경을 제시하는 방법, 사용하는 예화, 요청하는 반응 모두는 그리스도를 비그리스도인들에게 효과적으로 제시하고자 하는 우리의 목표에 기여할 필요가 있는 것이다.

지난 십 삼 년 동안, 우리는 윌로우 크릭 교회에서 비그리스도인들에게 손길을 뻗치는 사역에 박차를 가해 왔다. 나는 그 동안에, 때로는 힘들게, 어떤 종류의 설교가 그들의 주의를 끌고, 다시 오게 만드는지에 대해서 많은 것을 배웠다. 그 중 가장 중요한 것은 그들로 하여금 예수 그리스도를 따르는 중대한 단계를 취하도록 인도하는 것이었다. 그 원칙들 중 몇 가지를 함께 살펴보자.

## 민감성을 개발하라

세속적인 사람들에게 성실하게 말하기 위해서, 우리는 강단에 오르기 전에 두 가지 결정적인 영역을 통과해야 한다.

첫번째는 **그들의 사고 방식을 이해하는 것**이다. 그러나 우리 목사들 대부분에게 있어서 그것은 어려운 문제이다. 대부분의 내 동료들은 성경 학교나 기독교 대학을 다니고 계속해서 신학교에 다녔다. 그리고 그 이후로 계속 교회에서 사역해 왔다. 그 결과로 대부분이 비그리스도인과

친하게 지내 본 적이 전혀 없었다. 그들은 그들의 설교가 비교인들과 연결되기를 바랐다. 그러나 그들은 그들의 생각이 어떻게 작용하는지를 충분히 이해할 정도로 그들과 가까이 지낸 적이 전혀 없었다.

만일 우리가 비그리스도인에게 손길을 뻗치는 문제를 심각하게 여긴다면, 우리 대부분은 어떤 커다란 단계들을 취해야만 할 것이다. 나는 여러 해 동안 윌로우 크릭 교회의 목사들에게 그들의 삶의 진정한 관심 영역—테니스, 골프, 조깅, 요트 경기, 기계 작업 등—을 발견하고, 전적으로 세속적인 영역 내에서 이들을 찾아가라고 제안해 왔다. 교회 리그 소프트 볼 팀(a church league softball team)에 가입하는 대신에 왜 지역 팀에 가입하지 않습니까? 교회 체육관에서 운동하는 대신에 YMCA에서 농구를 하세요. 휴가 시에는 성경 회의에 가지를 말고, 옆 자리에서 야영하는 남자가 음료수 박스를 들고 와서 여러분의 피크닉 식탁에 앉을 수 있는 국립 공원으로 가시구요.

내가 이 문제를 동료 목사들에게 제기할 때, 나는 종종 그들의 반감을 느끼게 된다. 그것은 우리가 편안하게 느끼는 모든 것을 거슬리는 일이다. 그러나 비그리스도인들의 사고 방식을 모르는 것은 그들에게 손길을 뻗치려는 우리의 시도를 가로막을 것이다. 주일 날 강단에 서서 "여러분 중 어떤 분들은 제가 방금 말씀드린 것에 대해서 의문을 품으실 겁니다. 저는 그것을 이해할 수 있습니다. 바로 이번 주에 어떤 사람과 그 문제에 대해서 대화를 나누었기 때문입니다"라고 빈틈 없이 말하기 위해서, 우리는 주일 전의 화요일 쯤에 YMCA에 차를 몰고 가서 비그리스도인들과 함께 역기를 들고 달리기를 해야 한다. 그들의 사고 방식을 모르고는 그들을 전도할 수 없다. 그리고 그들의 세계에 들어가지 않고서는 그들의 생각을 이해할 수 없는 것이다.

비그리스도인들에게 효과적으로 설교하는 데 필요한 두번째 필요 조건은 **그들을 좋아하는 것**이다. 만일 그들을 좋아하지 않는다면, 그 사실이 우리의 설교를 통해서 흘러나갈 것이다. 라디오나 텔레비전에서 흘러나오는 설교를 주의 깊게 들어 보라. 여러분은 종종 "그 세속적인 사람들"에 관한 말을 듣게 될 것이다. 무의식적으로 이 설교자들은 비그리스도인 청중들로부터 거리를 두고 있다. 그들을 적대시하고 있는 것은 우리이다. 나는 이 설교자들이 하나님께서 잃어버린 자들에게 관심을 가지고 계시다고 확신하고 있는지의 여부가 의아히 여겨진다. "그들에게 우리가 그들을 사랑한다고 말합시다"라고 말하고는 "그들은 보응을 받게 될 것입니다"라고 말하는 것은 자비롭지 못한 일이다. 이 설교자들은 비그리스도인들에게 말할 수 있는 기회를 포기하고 있다. 왜냐하면 그 비교인은 즉시로 **그들이 나를 좋아하지 않는다**라는 사실을 감지하기 때문이다.

많은 목사들로 하여금 비그리스도인들을 정말로 좋아하도록 도와 주는 것은 전도의 은사이다. 그 은사를 가지고 있을 때, 비그리스도인들을 위한 마음을 갖기란 더 쉬운 일이다. 모든 목사가 전도를 하나의 은사로 주장하는 것은 아니다. 그러나 나는 많은 사람들이 비그리스도인들의 필요에 초점을 맞춤으로써 그들에 대한 진정한 사랑을 발전시키는 모습을 보아 왔다. 그것은 그들이 비그리스도인들에 관해 느낄 수 있는 위협을 제거해 준다. 그래서 그들로 하여금 자유롭게 사역하게 해 주는 것이다.

내가 칠십 년대 초반에 청년 사역을 감당하고 있을 때, 청년들은 생각하는 바를 솔직하게 말했다. 그들은 나를 찾아와 울고 화를 내곤 했다. 하지만 나는 그들의 필요를 쉽사리 알아챌 수 있었다. 그리고 내가 교외에 사는 성인들을 대상으로 사역하기를 시작했을 때에는, 모든 사람이 점잖았다. 모든 사람이 근사하게 옷을 차려 입고, 잘생긴 배우자와 두 자녀, 좋은 차, 멋진 집을 가지고 있었다. 나는 이렇게 생각했다. '이 사람들이 무엇을 위해 교회를 필요로 할까? 모두가 잘 지내고 있는 것 같은데.'

그러나 나는 그들과 함께 더 오래 일하면 일할수록 더 다음과 같은 사실을 깨닫게 되었다. '이 사람들의 삶에는 입을 크게 벌린 구멍들이 뚫려 있군. 그 예쁜 아내가 남편과 석달 동안 잠자리를 함께 하지 않았어. 가까이 가보면 그 자녀들이 아버지에게 화가 잔뜩 나 있어. 또 그 집은 완전히 저당이 잡혀 있군. 그렇게 좋아 보이는 직업도 그다지 안정스럽지가 않아. 그렇게 자신 있어 보이는 그 남자도 속으로는 잔뜩 겁을 집어먹고 있군.'

풍족해 보이는 겉 모습은 얄팍한 겉치장에 불과하다. 그 밑에는 엄청난 필요가 자리잡고 있다. 목사이자 교사인 우리는 그 필요를 채워 줄 준비를 갖추고 있고 성령의 능력으로 말씀을 전하도록 부름 받았다. 비그리스도인들의 사고 방식을 배우고 그들을 향한 진정한 사랑을 발전시킴에 따라 우리는 그들이 귀를 기울일 방식으로 그리스도의 말씀을 이야기할 수 있는 것이다.

## 그들이 선택하고 싶어하는 주제와 제목

오늘날의 비교인들은 결국 소비자들이다. 우리가 좋아하지 않는다 하더라도, 그들은 우리가 하는 모든 설교에 대해서, "내가 그 주제에 관심이 있는가 없는가?"라고 묻는다. 만일 관심이 없다면, 우리의 전달이 얼마나 효과적이냐 하는 것은 문제가 되지 않는다. 그들의 마음이 떠나버릴 것이기 때문이다.

몇 해 전에 「진짜 남자들은 키쉬(치즈, 베이컨 등으로 맛을 돋운 파이의 일종 – 역자주)를 먹지 않는다(Real Men Don't Eat Quiche)」라는 제목의 책이 나와 곧 베스트셀러가 되었다. 모든 사람이 그 책에 관해서 말하고 있었다. 그 책의 놀라운 성공에 관해서 생각하던 나는 "무엇이 남자를 남자로 만드는가? 무엇이 여자를 여자로 만드는가?"라는 제목의 시리즈 설교를 하기로 결정했다. 비교인들이 그 제목을 듣고 교회를 찾아 왔다. 불과 4주 동안에 출석 인원이 20퍼센트가 늘었다. 장로들은 "믿을 수 없군요!"라고 말했다.

그 시리즈가 끝났을 때, 나는 "예수님의 초상"이라는 제목의 시리즈 설교를 시작했다. 우리는 대부분의 초신자들을 잃었다. 재미 있는 것은 장로들이 그 시리즈가 끝난 후에, "빌 목사님, 그리스도의 인격과 사역에 대한 목사님의 메시지들은 우리가 들은 어느 메시지에 못지 않게 비교인들과 연관된 것이었습니다." 이 경우, 문제는 내용이 아니었다. 이 시리즈를 들을 필요가 있었던 사람들 대부분이 그 제목 때문에 오지 않았던 것이다.

그 때 이후로, 나는 효과적인 주제를 고안하기 위해서 최선을 다해 왔다. 나는 특별히 머리가 좋지 않기 때문에 제목 하나를 놓고 몇 시간씩 씨름하기도 한다. 그렇게 하는 이유는 비교인들이 "저것이 내가 듣고 싶어하는거야"라고 말할 수 있는 한, 교회에 오거나 다시 올 것이라는 사실을 알고 있기 때문이다. 제목은 그저 듣기 좋고 외우기 좋은 것이어서는 안된다. 진정한 필요나 관심을 접촉해야 하는 것이다.

여기에 내가 좋은 반응을 얻었던 몇 가지 시리즈 제목들이 있다.

● "하나님께도 감정이 있다." 사람들은 "뭐라구? 하나님께 감정이 있다구?"라고 말했다. 그리고 그들은 하나님께서는 무엇을 어떻게 느끼실까를 발견하기 위해서 교회를 찾아 왔던 것이다.

● "집(Houses)을 가정(Homes)으로 바꾸라." 그 시리즈를 발표했을 때(그 전 주에 시작된 교회에서), 나는 이렇게 말했다. "우리 지역은 주택 착공(housing starts)에 있어서 국가적인 기록을 세우고 있습니다. 차를 몰고 다니면서 완성에 다가서고 있는 수백여 채의 집 중 하나를 볼 때, 스스로에게 이렇게 물어 보십시오. **무엇이 이 집을 가정으로 바꾸어 놓을 것인가?** 그것이 우리가 다음 네 주 동안 이야기할 내용입니다." 나는 그밖의 수 많은 제목을 사용할 수도 있었다. 하지만 이것이 핵심을 찌르는 주제처럼 보였다.

● "서로에게 진실을 말하라."

● "결혼의 불꽃에 부채질을 하라."

● "위험에 빠진 인격의 특성들."

● "기독교의 대체물들."

나는 처음 교회를 방문하는 사람들을 되부르기 위해서 크리스마스와 부활절 후의 주일에 새 시리즈를 시작한다. 지난 크리스마스에 우리는 이렇게 공표했다. "많은 사람들이 '기독교가 바른 길입니다', 또는 '뉴 에이지 운동이 바른 길입니다', 또는 '다른 어떤 것이 바른 길입니다'라고 말하고 있습니다. 우리는 기독교의 대체물들에 관해서 이야기하고, 그 경쟁하는 모습을 보여드리고 나서 여러분이 결정을 내리게 해드리겠습니다. 우리는 정직하게 비교할 것입니다. 만일 정직하지 못하다면, 저희에게 말씀해 주십시오."

우리가 반대되는 관점들을 공정하게 다룬 이상 그것은 A+짜리 제목이었다. 나는 그 시리즈를 "이단의 위험" 또는 "기독교가 유일한 분별 있는 종교인 이유" 등으로 부를 수 있었다. 그러나 그 제목들은 이미 확신을 가지고 있는 사람들의 주의만을 끌었을 것이다. 우리는 사람들이 우리의 메시지로부터 듣게 되는 최초의 단어들부터 "이것은 여러분을 위한 것입니다. 이것이 여러분이 듣고 싶어하시는 것입니다"라는 뜻을 전달할 필요가 있는 것이다.

내 설교를 들어보지 않은 사람들은 종종 이 사실을 오해하고 이렇게 말한다. "그렇겠죠. 만일 당신이 어려운 성경적인 문제들을 피하고 제자도의 영역들에 대해 경고하지 않는다면, 사람들의 주의를 끌기가 쉽겠지요." 그러나 내가 경험한 바는 여러분이 비교인들에게 절대적인 경고를 줄 수 있다는 것이다. 우리 모두는 사도행전 20장에서 다음과 같이 말한 바울과 같아야 한다. "내가 꺼리지 않고 하나님의 뜻을 다 너희에게 전하였음이라." 그러나 어떤 그룹을 대상으로 그렇게 하기 위해서, 우리는 그들이 이해할 수 있는 방식으로 설교할 필요가 있다. 우리는 그들이 있는 곳에서 시작하고, 그런 다음에 그들을 인도할 필요가 있는 것이다.

예를 들어, 우리가 인도하는 예배에는 인간을 벌하실 하나님을 이해할 수 없는 수 많은 사람들이 참석하고 있다. 그것을 하나님의 사랑과 연결

지어 이해하지 못하기 때문이다. 그들은 하나님의 거룩하심을 이해할 필요가 있다. 그래서 나는 오래된 예화를 사용해 왔다. "만일 제가 차를 후진하다가 주차장에 서 있는 여러분의 새 차 문을 들이받아 법정에 갔다고 합시다. 그런데 판사가 '그건 문제가 안됩니다. 빌은 그런 의도가 없었습니다. '라고 말했다 합시다. 그러면 여러분은 무장 궐기를 일으키려 할 겁니다. 여러분은 정의를 원할 것입니다."

"만일 여러분이 시카고 컵스(Chicago Cubs, 시카고를 거점으로 둔 미국 프로 야구팀 –역자주)의 야구 경기를 보러 갔는데, 서트클리프(Sutcliffe, 시카고 컵스 팀의 유명한 투수 –역자주)가 홈 플레이트 정가운데를 통과하는 스트라이크를 던졌다고 합시다. 그런데 주심이 "사구"(四球)를 선언해서 점수가 났다고 합시다. 여러분은 뛰어나가 주심을 죽이려 들겁니다. 여러분이 정의를 원하기 때문입니다."

한 사람이 듣고 이렇게 말한다. "목사님 말씀이 옳다고 생각합니다. 저는 공의롭지 않으신 하나님을 원치 않습니다."

그러면 나는 계속 이렇게 말할 수 있다. "여러분이 '공의로우신 하나님'이라고 말하기전에, 여러분에게 그 말이 함축하고 있는 몇가지 사실을 말씀드리고자 합니다. 그것은 그 분이 **여러분에게** 공의를 베푸시는 것을 의미합니다."

여러분은 모든 면에서 철저하게 성경적일 수 있다. 그러나 비그리스도인들에게 손길을 뻗치기 위해서는, 모든 주제가 **그들이 있는 곳**에서 시작하고, 그런 다음에 그들을 더 온전한 기독교적 이해로 인도해야 한다.

나는 또한 많은 목사들이 그렇게 해 왔듯이 시리즈로 메시지들을 설교하는 것이 유익하다는 사실을 발견해 왔다. 여러분은 비그리스도인들의 장기 결석하는 경향을 깨뜨리기를 바란다. 그 시리즈가 진행되는 과정 동안 그 또는 그녀는 습관적으로 교회에 나오게 되고, "이건 별로 나쁘지 않군. 한 시간 밖에 안 걸리니까 말이야"라고 말하게 된다. 여러분은 그 또는 그녀에게 시리즈 설교를 듣는 것이 고통스러운 체험이 아니라는 사실을 보여주기 위해 애쓰고 있다. 시리즈 설교는 교훈적이며 때로는 고무적이기까지 하다. 때로 그것은 고압적이지 않고 사고를 유발하는 방식으로 확신을 가져다 준다. 남자들은 곧, "아내를 데리고 가서 나중에 아침겸 점심 식사를 함께 해야지"라고 말하게 된다.

하지만 나는 한 시리즈를 4, 5주 이상 늘일 수 없음을 발견했다. 그 이상 늘일 경우 사람들은 "목사님이 생각하고 계신 어떤 다른 것은 없습니까?"라고 말하게 된다. 분명한 것은 내가 돈이나 다른 민감한 문제들에 관해서 말하려고 할 경우에, 그 시리즈가 두 주 정도 계속되리라는 것이다.

### 성경의 지혜를 설명하라

비교인들은 우리 신자들이 부여하는 만큼의 무게를 성경에 부여하지 않는다. 그들은 때때로 그것을 「농부 연감(Farmer's Almanac)」처럼 유익한 제안들을 담고 있는 책으로 간주한다. 그들은 이렇게 생각하는 경향이 있다. '성경은 이따금씩 근사한 말들을 담고 있다. 그러나 우리 모두는 성경이 그것에 철저하게 순종하기 위해서 내 삶을 바꿀 만한 것이 되지 못함을 알고 있다.'

만일 우리가 단지 성경을 인용하고, "성경이 문제를 해결해 줍니다. 이제 성경에 순종합시다"라고 말한다면, 그들은 "뭐라구요? 내가 수천 년 된 어떤 책 위에 내 인생을 다시 쌓아야 한다구요? 나는 다른 어떤 오래된 책에 대해서도 그렇게 하지 않을 겁니다"라고 말할 것이다. 그것은 그들에게 사리에 맞지 않는 일인 것이다.

따라서 나는 거의 매번 설교할 때마다 성경의 신빙성과 성경에 대한 그들의 경외심을 증진시키고자 애쓴다. 나는 성경 배후에 있는 하나님의 지혜를 설명함으로써 그렇게 한다. 여러분이 그들에게 하나님이 얼마나 합리적인 분이신가를 보여 줄 때, 그것이 세속적인 마음을 사로잡는 것이다.

그들 대부분은 그리스도인들을 홍수와 천사들과 이상한 기적을 믿는 사람들로 간주해 왔다. 나의 목표는 그들의 삶에 관련된 문제들을 상당히 지적인 방식으로 설명하는 것이다. 나는 그들이 교회를 떠나면서, "어쩌면 성경과 그리스도인의 삶에 어떤 것이 있을지도 모른다"라고 말하게 되기를 바란다.

우리에게 "너희는 믿지 않는 자와 멍에를 같이 하지 말라"고 권면하는 고린도후서 6 : 14을 고려해 보자. 그 구절에 대해서 이야기하는 일부 교사들은 이렇게 말할 것이다. "그 말씀에 함축된 사실들은 분명합니다. 불신자와 결혼하지 말라는 것입니다. 성경이 그렇게 말합니다. 그리고 우리는 그 말씀에 순종해야 합니다." 이미 확신을 가진 사람, 성경의 영감과 무오성에 큰 가치를 부여하는 사람에게는 그것만으로도 충분할 것이다. 나는 대부분의 교회 사람들이 우리가 바라는 것처럼 성경을 받아들이리라고 생각하지 않는다. 하지만 그들이 그렇게 하고 있음을 우리에게 보여 주고 있다고 치자.

반면에 세속적인 사람들은 앉아서 이렇게 생각한다. '그건 내가 일찍이 들은 말 중에서 가장 어리석고도 특이한 말이군. 왜 내가 종교가 약간 다르다는 이유로 사랑하는 여자와 결혼하기를 거부해야 한다는 말인가?' 따라서 어느 주일 날 아침에 나는 이렇게 말함으로써 설교를 하기 시작했다. "결혼하기 위해 조바심하고 있는 독신자들에게 가장 혐오스러운 구절을 읽어드리고자 합니다." 그리고나서 나는 고린도후서 6 : 14을 읽어 준다.

나는 이렇게 말했다. "이것이 그 끔찍스러운 구절입니다. 바울은 성령의 영감 하에 기록한 그 구절에서 수천 수 만의 결혼 후보자들을 사실상 한 줌으로 줄여버리고 있습니다. 그리고 내가 아는 거의 모든 독신자들은 처음에 그 구절을 듣고서는 그 구절을 증오합니다. 제가 하고 싶은 일은 다음 삼십 분 동안 하나님께서 왜 그렇게 터무니 없는 처방을 내리시고 계신지에 대해서 제가 생각하는 바를 말씀드리는 것입니다."

그 메시지의 남은 시간 동안, 나는 논리와 그들의 체험을 사용하여 이 명령이 정말 사리에 맞는다는 사실을 보여 주려고 애썼다. 우리는 그 당시에 건축 프로그램을 진행하는 중이었다. 그래서 나는 다음과 같은 예화를 사용하였다. "제가 건설 현장에 나갔는데, 한 청부업자가 열 다섯 명의 일꾼과 함께 바쁘게 우리가 계획 중인 건물 중 하나를 세우고 있는 모습을 발견한다고 생각해 봅시다. 그리고 그 다음으로 건물의 반대편에 가서, 또 한 사람의 청부업자가 전혀 다른 청사진을 가지고 건물을 세우고 있다고 합시다. 그러면 거기에는 철저한 혼란이 일어날 것입니다."

나는 계속해서 이렇게 말했다. "여러분, 여러분이 만일 '나는 이 청사진을 기초로 이 결혼을 세우려고 한다'고 말하는 남편이나 아내를 가지고 있다고 할 때, 그 결혼 가운데 어떤 일이 일어나겠습니까? 그들은 충돌합니다. 그리고 대개는 더 강한 사람이 한 동안 이깁니다. 그리고 나서 파괴가 일어나는 것입니다."

"하나님께서는 자신의 자녀들이 견고하고 영구적인 관계를 쌓기를 원하십니다. 그리고 그 분은 그렇게 되는데 일련의 계획이 필요하리라는 것을 알고 계십니다. 견고한 건물이나 건전한 결혼을 쌓기 위해서, 여러분에게는 일련의 청사진이 필요합니다."

나는 시간이 지남에 따라 차차로 성경에 대한 그들의 경외심을 증진시키기를 원한다. 그래서 어느 날 그들이 이유를 묻는 모든 질문들을 제기할 필요가 없이 스스로에게, **그것이 그 책에 있기 때문이야 ; 그것이 이유야**라고 말할 수 있게 되기를 원한다.

## 동 시대의 예화들

나는 비교인들이 대부분의 그리스도인들, 특히 목사들이 지독하게 현실에서 벗어나 있다고 생각하고 있음을 발견해 왔다. 그는 '그들은 세상에서 어떤 일이 일어나고 있는지에 대해서 아무런 단서도 갖고 있지 않아'라고 생각한다. 용기를 내어 교회에 발을 들여 놓는 비교인은 이야기

되는 모든 것이 자기의 삶과 관계 없을 것이라고 생각한다.

그것이 내가 내 예화 중 60~70퍼센트를 동 시대의 사건들로부터 선택하는 이유이다. 나는 「타임(Time)」, 「뉴스위크(Newsweek)」, 「유에스 뉴스 앤드 월드 리포트(US News & World Report)」, 「포브스(Forbes)」, 그리고 「비즈니스 위크(Business Week)」를 읽는다. 나는 날마다 「시카고 트리뷴(여행할 때는 USA Today)」을 읽고, 최소한 두 가지 텔레비전 뉴스 프로그램을 시청하고, 차에 있을 때에는 라디오 뉴스 방송을 듣는다.

그 이유가 무엇이겠는가? 동 시대의 예화를 사용할 수 있을 때, 신뢰를 쌓을 수 있기 때문이다. 비교인들은 이렇게 말한다. "그도 나와 꼭 같은 세상에 살고 있군. 숀 코네리(Sean Connery)와 로저 무어(Roger Moore)가 더 이상 007역을 맡지 않는다는 사실을 알고 있어. 그는 몇해 전에 일어난 일에 관해서 말하고 있지 않아. 내가 오늘 관심을 가지고 있는 어떤 일에 관해 이야기하고 있어."

나는 때때로 내 사역의 목표 중 하나가 하나님께서 내게 몇 해를 사역하게 하시든 간에 스펄전의 예화를 사용하지 않고 사역을 마치는 것이라고 농담한다. 비그리스도인들(오늘날의 대부분의 그리스도인들까지도)은 스펄전이 누구인지 모른다. 그러나 비교인들이 일단 그가 누구인지를 알게 된다면, 그들은 왜 내가 그의 책을 읽는데 시간을 낭비하는가 의아히 여길 것이다. 그들은 이렇게 생각한다. '지금은 1990년대야. 우리는 엄청난 마약 문제, 흔들리는 저축 대부 산업, 정치적인 혼란을 안고 있는데, 그는 죽은 영국 사람의 책을 읽는데 시간을 보내고 있다는 말인가? 그에게 그럴 시간이 있다면, 그는 내가 살고 있는 세상에 사는 것이 아니야.'

최신식 예화를 사용하는데 따르는 두번째 결과는 그것이 나와 청중을 대등한 위치에 놓아 준다는 것이다. 그들은 내가 듣는 것과 꼭 같은 뉴스 보고를 듣는다. 내가 보는 것과 꼭 같은 쇼를 본다. 내가 아퀴나스

(Aquinas)의 말을 인용할 때, 그들은 내가 같은 야구장에서 경기를 하지 않고 있는 것처럼 느낀다. 그러나 내가 "그저께 밤에 나이트 라인 (Night-Line)에서 이틀 전에 테드 코펠(Ted Koppel)이 이야기하는 것을 들었는데…"라고 말한다면, 그 남자는 자신에게 이렇게 말한다. '나도 봤어! 목사님도 내가 느낀 것처럼 느꼈는지 궁금한데.' 그리고 그는 계속 내 설교를 듣는다. 최근의 사건들로부터 취한 예화는 비그리스도인 청중을 포함시킨다. 그것은 그를 다른 모든 청중과 대등한 위치에 놓아 주는 것이다.

나는 예수님의 비유들을 연구함으로부터 이 원칙을 배웠다. 나는 예수님께서 이런 말씀을 하고 계심을 주목했다. "또 실로암에서 망대가 무너져 치어 죽은 열 여덟 사람이……"(눅 13 : 4). 예수님의 비유들을 도표로 만들어 본 나는 이러한 예화들이 랍비의 전승에서 온 것이 아니라 평범한 사람들이 날마다 보고 들은 이야기들로부터 온 것이라는 사실을 곧 깨닫게 되었다.

사람들이 누군가가 자기들의 세상 안에 살고 있고, 그들과 함께 현실의 문제들을 겪어왔다고 느낄 때 그 예화는 강력하다. 그것이 내가 동 시대의 예화를 계속 사용할 이유인 것이다.

### 자유와 시간을 부여하는 반응들

요즘 사람들은 교회에 발을 들여 놓을 때, 자주 자기들이 또 꼭 같은 이야기 ─ 더 기도하라, 더 사랑하라, 더 섬기라, 더 주라 ─ 를 듣게 되리라고 생각하고 있다. 그들은 이렇게 생각한다. '그들은 내게서 조금이라도 더 많이 끄집어내기를 원해. 내가 충분히 그렇게 하지 않는다면 어떻게 될까?'

우리 목사들이 무심코 그런 이해를 조장하기란 쉬운 일이다. 한 목사가 자기 설교에 도움을 달라고 요청했다. 그래서 우리는 그가 찾고 있었던 반응이 어떤 것인지에 대해 이야기를 나누었다. 나는 이렇게 제안했다. "작년에 설교한 메시지의 목록을 적어 보십시오. 그리고 설교의 주된 취지가 **더 기도하라, 더 사랑하라, 더 섬기라, 더 주라**였던 모든 메시지 옆에 그 사실을 기록해 보십시오"

그는 돌아와서 이렇게 말했다. "빌, 작년에 한 모든 설교에 그 중 어느 한가지가 해당되더군요." 그는 그 사실에 함축된 의미들을 깨달았다. 아들이 거실에 들어 올 때마다, 내가 "이 일을 더 해라, 저 일을 더 해라"라고 말하면 그 아들은 얼마 못가서 거실에 들어오려 하지 않게 될 것이다. 그러나 만일 그 아들이 어떤 따뜻한 분위기, 용납, 약간의 유우머, 격려가 있음을 알고 거실에 들어 온다면, "우리 여기서 어떤 문제를 해결해야겠다"라고 말할 필요가 있을 때, 그가 그 말을 받아들일 수 있을 것이다.

메시지의 목표는 종종 **하나님에 관한 이러한 실재를 이해하라 또는 하나님께서 행하신 이 일을 향유하라** 등이 될 수 있다. 최근에 내가 전한 수요일 밤 메시지는 로마서 12 : 3∼8, 즉 영적 은사의 사용을 다루는 구절이 본문이었다. 나는 더 섬기라고 사람들을 몰아댈 수 있었다고 생각한다. 하지만 나는 그날 밤 이렇게 말했다. "이 교회는 내가 본 교회 중에서 가장 잘 섬기는 교회입니다. 여러분들은 영적 은사들을 아름답게 사용하고 있습니다. 바울이 로마 교인들에게 열심을 품고 주를 섬기라고 했는데 여러분은 열심을 품고 주를 섬겨 오셨습니다." 그리고나서 나는 교회 다니는 사람들이 비이기적으로 하나님의 영광을 위해 섬기는 방법들에 대한 예화를 열개에서 열다섯개 정도 이야기했다.

나는 이렇게 설교를 마쳤다. "나는 여러분을 한 교회로 존중하고 있음을 말씀드리고 싶습니다. 여러분은 하나님께서 기뻐하시는 믿기 어려운 종들의 그룹입니다. 일어나서 함께 기도합시다." 교구민들도 역시 사람들이다. 때때로 사람들은 자기들이 이미 행하고 있는 일에 대해서 칭찬을 받을 필요가 있다. 비스리스도인의 경우에, 우리는 그들이 그리스도의 말씀을 정직하게 고려하고 있는 데 대해서, 기꺼이 우리가 말하는 바를 듣고 즉시 잊어버리지 않는 데 대해서 칭찬할 필요가 있는 것이다.

그러나 비교인들의 경우에는, 우리의 으뜸가는 목표가 우리를 위해 결정되어 왔다. 즉 우리는 그들이 예수 그리스도의 주권을 받아들이기를 원하는 것이다. 비그리스도인들에게 헌신을 요구하는 두 가지 열쇠가 되는 원칙을 제안한다.

**1. 그들에게 선택의 자유를 주라.** 나는 여러분이 다른 어느 누구와 마찬가지로 비교인들에게도 도전을 가할 수 있다—결정적 순간(moment of truth)에 그들에게 절대적인 선택의 자유를 주는 한—는 사실을 배우고 놀라웠다. 나는 전도 메시지의 마지막 순간에 종종 이런 식으로 말한다. "여러분이 내려야 할 선택이 있습니다. 제가 여러분을 위해 선택을 내려드리지는 않을 것입니다. 저는 여러분에게 다음 삼십 초 동안 선택을 내려야 한다고 말씀드리지 않을 것입니다. 하지만 여러분은 결국 우리가 이야기해 온 바에 관해서 어떤 결정을 내려야만 합니다. 저와 제 가족에게는 그 문제가 결정되어 있습니다. 그리고 우리는 우리가 결정을 내렸다는 데 대해서 기뻐하고 있습니다. 하지만 여러분은 하나님께서 여러분을 인도하심에 따라 결정을 내리셔야 합니다." 나는 공을 잡아서 운동장에 던졌다. 이제는 그들이 그것을 가지고 무언가를 해야 할 때인 것이다.

최근에 전한 한 메시지에서, 나는 팀 리더쉽에 대한 강력하고도 성경적인 내용을 설교했다. 마지막에 나는 이렇게 말했다. "저는 여러분 중 많은 분들이 사업체를 가지고 계심을 알고 있습니다. 아무에게도 빚을 지고 계시지 않음도 알고 있습니다. 저는 우리가 오늘 읽은 성경 말씀을 근거로 여러분이 팀 리더쉽에 대한 하나님의 계획을 따름에 있어서 으뜸가는 수혜자들이 되셔서 얼른 깨닫지 못하는 여러분의 약점이 여러분의 실패를 초래하지 않게 되리라고 생각합니다."

나는 이렇게 말했다. "그러나 그것이 여러분의 삶입니다. 여러분의 사업입니다. 여러분의 미래입니다. 나는 여러분이 시간을 두고 이 문제를 생각하고 올바른 결정을 내리리라고 믿습니다. 저로 말씀드린다면, 제게는 장로님들이 있고 제직들이 있습니다. 그리고 신뢰할 수 있는 그룹이 있습니다. 나는 하나님께서 내게 행하라고 명하신 바를 성취하는 한 팀을 가지고 있음을 기쁘게 생각합니다. 일어서서 함께 기도합시다."

여러분이 어떤 사람에게 완전한 선택의 자유를 줄 때, 그는 가면서 이렇게 말할 것이다. "빌어먹을, 그가 실언하기를 바랬는데. 그래야 그에게 화를 내고 그가 말한 모든 걸 무시해 버릴 수 있을 것 아닌가. 하지만 이제는 내가 그 문제를 해결해야겠군." 사람들을 그냥 가게 내버려 두는 대신에, 그들에게 그 결정을 내릴 것을 촉구하는 선택의 자유를 주라.

**2. 그들에게 결정을 내릴 시간을 주라.** 한 남자가 내 사무실에 들어 와서 이렇게 말했다고 치자. "주차장에 내 메르세데스 벤즈(a Mercedes-Benz)가 있소. 다음 십오 초 동안 수표를 써 준다면 그 차를 당신에게 500불에 팔겠소." 하지만 나는 그렇게 하지 않을 것이다. 어느 모로 보든지, 500불에 메르세데스 벤즈를 사지 않는다면 바보일 것이다. 그러나 만일 여러분이 내게 십오 초 동안 결정을 내리게 만든다면, 나는 거절할 것이다. 그 문제를 검토할 시간이 충분치 않기 때문이다. 나는 당연한 질문을 품게 된다. 정말로 주차장에 차가 있을까? 그 차에 권리 증서가 있을까? 그 차에 엔진이 있을까?

그러나 주일날 우리는 철저하게 세속적인 세계관 하에 이십 년, 삼십 년, 사십 년을 산 사람들에게, "여러분은 다음 이 삼 분 동안 여러분의 영원을 결정할 결정을 내려야 합니다. 그 결정은 여러분의 삶을 변화시킬 것입니다. 그리고 여러분은 직업을 잃을지도 모릅니다. 하지만 자 결정을 내리십시오"라고 말하고픈 유혹을 받는다. 비그리스도인은 이렇게 생각한다. '와! 이건 엄청난 결정이군. 그런데 나는 이 문제에 대해서 단지 십 이 분 동안 생각했을 뿐인걸.'

오늘날의 비그리스도인에게 헌신을 요청할 때, 나는 그들에게 그들의 존재 전부를 철저하게 바꾸어 놓을 어떤 것에 관해 설득하고자 애쓰고 있다. 그들은, "목사님은 결혼이 영구적인 것이라고 생각하십니까? 농담이시겠죠—그 여자하고 화해하라는 겁니까? 결코 그럴 수는 없습니다!" 또는 "자녀 양육에 관심을 가지고 사람을 고용하지 말라는 말입니까?" 따위의 말을 한다. 비그리스도인은 결정을 내려야 할 순간마다, 내가 그가 처음에 관심을 가진 것보다 훨씬 더 많은 것을 요구하고 있음을 발견하게 된다. 그는 영적인 필요를 감지한다—그것이 그를 교회로 인도했다—하지만 그는 그 필요에 함축된 사실들을 고려하기 위해서 훨씬 많은 시간을 필요로 할 것이다.

윌로우 크릭 교회에서 일어나는 대부분의 회심은 사람들이 여섯 달 동안 또는 그 이상 교회에 출석한 다음에 일어난다. 세속적인 사람은 지속적으로 반 년 동안 출석해야 하며, 그를 교회로 인도한 사람은 그 기간 내내 그에게 말씀을 증거해야 한다. 그에게는 마지막으로 "사겠소"라고 말하기 전에 타이어를 발로 차보고, 내부 장식을 둘러 보고, 권리 증서를 확인할 시간이 필요한 것이다.

재미있는 사실은, 내가 내 사역에 있어서 다른 어떤 것만큼이나 이 일에 대해서 비판을 받는다는 것이다. 사람들은 이렇게 항의한다. "빌 목사님, 사람들을 목사님 손바닥 위에 올려 놓고 있었는데도 그들을 그냥 보내시는군요."

나는 이런 말을 충분할 정도로 들었기 때문에, 그들에게 이렇게 질문함으로써 답변한다. 나는 이렇게 묻는다. "여러분은 사람들이 여기 있는 동안 진리를 들었다고 생각하십니까?"

"그럼요, 그들은 진리를 들었죠."

"성령께서 살아 계신다고 생각하십니까?"

"물론 그렇다고 믿습니다."

"빌 하이벨스가 누구든 구원한 적이 있다고 생각하십니까?"

그들은 곧 이렇게 말한다. "아, 아닙니다. 아닙니다."

나는 이렇게 말한다. "그렇다면 아무 문제도 없다고 생각합니다. 만일 그들이 진리를 들었다면, 그리고 성령께서 살아 역사하신다면, 하나님께서 그들의 삶에 계속 역사하실 것입니다. 그리고 빌 하이벨스가 하나님께서 그들을 위한 자신의 뜻을 성취하실 유일한 길은 아닙니다.”

그러나 장사를 마쳐야 할 때가 있다. 항상 그런 것은 아니지만 사람들은 때때로 도전을 받을 필요가 있는 것이다. 그리고 사람들에게 도전할 때, 나는 강하게 도전한다. 나는 주기적으로 이렇게 말할 것이다. “여러분 중 어떤 분들은 외부에서 내부를 들여다 보고 계십니다. 여러분은 오랫 동안 이 자리에 계셨으며 필요한 정보를 가지고 계십니다. 여러분의 죄를 회개하지 못하게 하고 지금 당장 그리스도를 믿지 못하게 방해하는 것이 무엇인지 묻고 싶습니다. 때때로 지연이 재난을 초래할 수 있습니다. 지금이 이 문제를 다룰 때입니다.”

그러나—이것이 지극히 중요하다—그렇게 할 때, 나는 언제나 그 수준에 이르지 못한 사람들을 위한 한계를 정한다. 나는 이렇게 말할 것이다. “여러분 중 어떤 분들은 저희 교회에 처음 나오셨을 것입니다. 또 어떤 분들은 몇 주 동안 이 교회에 나오셨을 것입니다. 아직 충분한 해답을 갖고 계시지 않기 때문에, 저는 여러분에게 말씀드리지 않습니다. 여러분은 조사 단계에 있습니다. 그것은 타당한 일입니다. 여러분은 제가 말씀드리고 있는 나머지 분들이 이미 수집하신 정보를 얻으실 때까지 계속 조사하실 필요가 있습니다.”

얼마 전에 한 남자가 내게 이렇게 말했다. “제가 이 교회에 왔습니다. 그런데 아무도 제 삶에 어떤 일이 일어나고 있는지 몰랐습니다. 제가 사람들을 철저하게 속였기 때문이죠. 하지만 저는 제 삶에 어떤 일이 일어나고 있는지 알고 있었습니다. 그런데 목사님이 저의 모든 죄에 불구하고 하나님께서 여전히 제게 관심을 갖고 계신다고 말씀하시기 시작했을 때, 내 안에서 퍼뜩 깨달아지는 것이 있었습니다. 저는 그리스도께 헌신했습니다. 분명히 말씀드립니다. 저는 달라졌습니다. 저는 아들과 사이 좋게 지내지 못했습니다. 하지만 저는 이 주일 동안 휴가를 내서 아들을 서부에서 열리는 베이스볼 캠프(a baseball camp)에 데리고 가기로 결정했습니다. 아들은 우리가 그곳으로 가는 동안에 마음 문을 열었습니다. 빌 목사님, 제게 예수님에 관해 말씀해 주셔서 감사합니다.”

설교자에게, 그런 기쁨은 계속 되는 도전을 훨씬 초월한다.

2부

# 오늘날의 설교 과업

> 주일 날 교회에는 수 많은 필요와 기대, 여러 수준의 성숙함과 신앙
> 을 가진 사람들이 자리에 앉아 있다. 나는 그들 모두를 살찌게 하는 설
> 교 메뉴를 제공해야 한다. 그것은 내가 계획적인 성경 영양사(營養士)
> 가 되어야 함을 의미한다.
>
> —스튜어트 브리스코

# 제 3 장
# 설교 메뉴를 짜는 법

언젠가 성령의 열매에 대한 시리즈 설교를 한 적이 있다. 마지막 설교
가 끝난 후에 한 여자가 내게 이렇게 물었다. "언제 관계가 있는 설교를
하실거죠?"(그녀는 이 세상에서 가장 뛰어난 외교관이 아니었다.)

당황한 나는 더듬거리면서 "누구와 관계가 있는 설교 말입니까?"라고
물었다.

그녀는 이렇게 대답했다. "우리 대부분은 가정과 결혼과 집 문제를 가
지고 교회에 앉아 있습니다. 우리에게는 도움이 필요합니다. 언제 관계
가 있는 말씀을 해주실 겁니까?"

나는 마음 속으로 '아, 이해할 수 있겠다'라고 말했다. "몇가지 여쭤 보겠습니다. 가정 문제에 대해 여쭤 보죠—가정에 사랑이 부족합니까?"

"예, 부족합니다."

나는 계속 이렇게 물어보았다. "그런 상황에서는 기쁨도 거의 없겠지요?"

"그럼요. 사람들은 정말 비참하답니다."

"그런 가정에는 평강이 전혀 없으리라는 생각이 드는군요."

그녀는 "바로 맞추셨어요"라고 확인해 주었다. 나는 계속해서 성령의 열매를 하나하나 설명해 주었다. 그 설명은 그녀로 하여금 마음으로부터 그 하나하나를 시인하게 만들었다. 내가 말을 마쳤을 때, 그녀는 당황해서 나를 쳐다 보며 이렇게 따졌다. "그렇다면 우리가 이런 현실적인 문제들을 해결하는 데 도움을 주는 설교를 들을 수 없는 이유가 뭐죠?"

나는 성령의 열매가 분명히 나타날 때 그 열매가 결혼, 가정, 그리고 삶의 모든 국면에 모습을 나타내게 된다는 사실을 설명했다. 나는 바로 그런 필요들에 대해서 설교했었다. 하지만 나는 우리의 필요보다는 하나님의 공급의 측면에서 접근을 시도했었다. 나는 영적인 동력을 공급했다. 반면에 그녀는 자녀들을 양육하고 남편에게 대처하는 열 가지 즉석의 힌트를 원했다. 그녀에 관한 한, 나는 그 시리즈를 통해서 F 학점을 받은 것이다.

그 체험은 나의 설교 계획에 대해서 충분히 생각하는 일의 중요성을 강조해 주었다. 주일 날 교회에는 수많은 필요와 기대, 여러 수준의 성숙함과 신앙을 가진 사람들이 자리에 앉아 있다. 나는 그들 모두를 살지게 하는 설교 메뉴를 제공해야 한다. 그것은 내가 계획적인 성경 영양사(營養士)가 되어야 함을 의미한다.

### 계획의 핵심

메뉴를 짜는 데에는 식사의 목적을 인식하는 것이 반드시 요구된다.

설교는 무엇보다도 **선포**—하나님이 누구신가, 그 분이 어떤 일을 행하셨는가, 어떤 일을 행하실 것인가에 대해서 선언하는 것—이다. 따라서 내가 준비하는 어떤 메뉴도 삶 전부를 하나님 중심적으로 만드는 하나님 중심적인 것이 될 것이다. 나는 내 설교가 삶의 특별한 딜레마들에 대한 신속한 답변을 제공하기보다는 하나님께 영광 돌리기를 바란다. 또한 나는 설교적으로 볼 때 영양가가 낮은 음식으로 영적인 굶주림을 조금씩 해결하기보다는 충실한 영성(靈性)을 육성하고 싶다. 그러므로 나는 그 목적에 따라서 나의 설교 시리즈를 계획한다.

따라서 나의 출발점은 "사람들이 무엇을 듣기 원하는가?"라기보다는 "이 사람들에게 생명의 양식을 줄 것이다"라는 것이다. 근본적으로, 사람들은 그들의 특별한 상황 가운데 하나님을 알 필요가 있다. 따라서 나는 모든 필요를 다음과 같은 근본적인 사실들과 연결시킨다. 그리스도를 주로 인정함, 그 분의 제자가 됨, 교회라는 독특한 제도 내에서 그 분의 백성으로 봉사함, 성경에 기록되어 있는 그 분의 말씀에 초점을 맞춤. 성경을 가지고 시작하고 성경이 사람들의 마음에 이야기하는 바를 전하는 한, 나는 실수를 범할 수 없다.

## 왜 계획을 세우는가?

그럼에도 불구하고, 나는 조직적으로 가르치고 설교하는 데 따르는 큰 유익함을 발견하게 된다. 따라서 나는 조심스럽게 계획을 짠다. 그렇게 하는 데에는 몇가지 이유가 있다.

첫째로, 계획 수립은 설교를 더 쉽게 만들어 준다. 주제를 짜내는 데 일주일의 절반을 낭비할 필요가 없기 때문이다. 매 주 새로운 주제를 찾는 일은 설교자를 압제(壓制)할 수 있다. 그리고 그 결과로 토요일 밤에 허겁지겁 준비한 설교는 회중을 희생 제물로 만들 수 있다. 나는 계획을 수립할 때, 주일 오후에 이미 두 주 후의 설교 본문과 주제를 알고 있다.

둘째로, 계획 수립은 설교를 반복하는 것을 피하게 해 준다. 시리즈 설교를 계획할 때, 나는 여러 본문과 개념들을 다루게 되리라는 사실을 즉시 깨닫게 된다. 그러한 계획 수립은 매주 오래 된 우물물을 거듭 되풀이하여 퍼내는 일을 피하게 만들어 준다. 그리고 내가 믿기에, 계획 수립은 내 설교를 신선하게 유지시켜 주고, 내 회중에게 하나님의 **온전하신** 뜻을 제시할 수 있도록 도와 준다.

세째로, 우리 교인 중 많은 사람들이 삶의 다른 영역들에 대한 계획을 세우고 있기 때문에, 내 설교가 어떻게 진행될 것인지를 알고 싶어 한다. 특히 많은 계획을 세우고 있는 젊은 사업가들이 다음 설교가 어떤 것인지를 내게 묻는다. 나는 그들에게 방향을 지적해 줄 수 있기를 바란다.

마지막으로, 계획 수립은 시리즈 설교를 할 수 있게 해 준다. 주제가 발전됨에 따라서 내용 또한 쌓이는 경우가 종종 있는 것이다. 사람들은 시리즈 설교에 흥미를 가지고 더 듣기 위해 교회에 나온다. 나는 많은 사람들이 "그 시리즈에 대해 대강 말씀해 주실 수 있으십니까? 미리 들어 보고 싶거든요"라고 말하는 것을 들어 왔다. 그것이 내가 듣고 싶은 말이다.

사람들이 한 주를 결석해도 여전히 어떤 설교든 이해할 수 있도록 각 메시지를 하나의 독립적인 단위로 만들려고 애쓰기는 하지만, 설교들은 하나의 시리즈 전체를 통하여 확립된다. 사람들은 매 주 시리즈 설교를 들음으로부터 유익을 얻는다. 청중들은 옛 토요 명화 시리즈를 즐겨 보았었다. 만일 내가 시리즈 설교를 하면서 "다음 주에 다시 오셔서 더 멋진 모험을 해 봅시다!"라고 말할 수 있다면, 내 설교에 대한 관심은 하늘을 찌를 것이다.

우리 교회에서는, 실제로 매주 출석하는 사람들도 있지만, 많은 사람들이(내가 추측하기로는 삼 분의 일쯤 된다) 주일 예배를 빼먹는다. 이런 사실 때문에, 어떤 설교자들은 많은 사람들이 시리즈의 전개를 놓칠 것이라는 이유로 시리즈 설교를 반대한다.

솔직히 말해서, 나는 자리에 없는 사람들에 대해 크게 염려하지 않는다. 나는 자리에 **있는** 사람들을 설교의 표적으로 삼는다. 나는 자리에 없는 사람들에게 지나친 관심을 기울이지 않고, 움직이는 표적을 최선을 다해 맞출 것이다. 어쩌다 참석하는 사람들에 맞춰 계획을 수립할 수는 없는 것이다.

## 계획을 세우라

나는 결코 고도의 조직가라고 할 수 없다. 나는 주어진 어느 시점에서, 내 설교 계획에 관해 대개 세 가지 사실—현재의 시리즈를 어떤 방향으로 끌고 갈 것인가, 언제 시리즈들 사이에 잠시 갖는 휴식 기간으로 서너 가지 제목 설교를 할 것인가, 그리고 무엇이 다음 시리즈가 될 것인가—을 이야기해 줄 수 있다. 나는 그 세 가지 이상은 이야기해 줄 수 없다. 어떤 목사들은 일 이년 앞서 각 주일에 무엇을 설교할지를 안다. 그러나 나는 한 번에 한 시리즈에 집중할 때 최선을 다하게 됨을 발견하게 된다. 내가 현재 하고 있는 시리즈를 설교하는 데 내 정신적 에너지의 대부분이 소모되는 것이다.

나는 여러가지 자료들을 통해 아이디어를 얻는다. 나는 사역상 가지는 접촉들을 통해서 훌륭한 아이디어를 찾아내는 동료 교역자들과 함께 일하는 축복을 받고 있다. 때때로 나는 일반적인 독서나 연구를 통해서 아이디어를 얻는다. 그밖의 경우에는, 성도들의 제안으로부터 아이디어를 얻게 된다.

나는 최근에 사도신경을 주제로 시리즈 설교를 했다. 그것은 한 성도가 뉴 에이지 운동에 관한 우려를 담은 편지를 보내면서, 그 위험에 대한 시리즈 설교를 해 줄 수 있겠느냐고 제안했을 때 착상되었다. 그녀는 내게 자극적이고도 유익한 자료를 보내 주었다. 나는 그녀의 제안을 고려했을 때, 그녀가 '요점을 지적했다'고 생각했다. 반면에, 나는 뉴 에이지 운동(New Age Movement)에 대한 시리즈 설교가 관심을 제한할 수 있다고 느꼈다.

그 때 나는 은행 조사관으로 영국에서 일했을 때 있었던 일을 기억했다. 내가 맡은 일 중 한 가지는 위조 지폐를 식별하는 일이었다. 나는 젊은 조사관으로서 약간 준비가 부족함을 느꼈다. 그래서 나는 더 나이든 조사관에게 어떻게 위조 지폐를 식별할 수 있는가에 대한 몇 가지 단서를 물어 보았다.

그는 "진짜 돈을 다루는 시간을 많이 갖도록 하게"라고 충고했다. "진짜 돈에 익숙해지면 질수록 더 자동적으로 위조 지폐를 식별해낼 수 있을걸세."

그 사실은 내게 '교회 신도들에게 가짜 종교를 식별하는 최고의 방법이 진짜 종교를 알고 있는지를 분명히 하는 것이라고 격려하는 것이리라'고 생각하게 만들었다. 그래서 나는 뉴 에이지운동에 대한 시리즈 설교를 하는 대신에 사도 신경에 대한 시리즈 설교를 준비했다. 나는 사도신경의 항목들을 본문으로 한 열여섯 번의 설교를 계획했으며, 그 항목들을 반대가 되는 입장들과 비교했다. 그 "현대 세계의 기독교 신앙" 시리즈는 사람들로 하여금 정통 기독교에 신앙을 정착시켜 엉터리 종교를 거부할 수 있도록 도움을 주었다.

나는 사람들이 무엇을 듣고 싶어하는지를 발견하기 위해서 종종 신도들을 대상으로 조직적인 조사를 한다. 나는 단순한 조사를 한다. 그들의 아이디어를 묻는 카드를 이용하는 것이다. 이것은 풍부한 주제들을 제공해 준다. 나는 그중 일부를 시리즈로 만들 수 있다. 그러나 폐기되는 주제들조차도 사람들의 관심들을 더 잘 이해할 수 있게 해 준다.

시리즈를 위한 아이디어를 가장 자주 얻게 되는 것은 자원들을 잘 결합시킴을 통해서이다. 목사로서의 의무를 다하기 위해 돌아다닌 어느 한 주 동안, 나는 완강한 사람들을 유별나게 많이 만났다. 나는 그 때, '우리가 우리 자신을 너무나 심각하게 생각하고 있구나'라고 스스로 생각했다. 그리고나서 '우리가 하나님을 얼마나 심각하게 생각하고 있을까'라는 생각이 나를 놀라게 만들었다.

"하나님을 진지하게 생각한다"라는 문구는 계속 내 마음 속에 자리잡았다. 미국에 자리잡고 있는 우리 교회가 자기중심적인 사람들로 가득찬 교회가 되어 가고 있는 것처럼 보였다. 우리는 보다 더 하나님 중심적이 될 필요가 있었다. 그래서 나는 내가 전형적으로 사용하는 방법이 아닌 —어떤 시리즈 설교를 하게 되었다. 그 때 나는 소선지서를 읽고 있었다. 나는 소선지서 열두 권이 내가 잡은 주제 하에서 열두 부분으로 이루어진 시리즈 설교가 될 수 있다는 사실을 깨달았다. 사실상 그 시리즈에서 나는 한 책에 한번의 설교를 할애하는 힘에 겨운 일을 하고 있었다. 그러나 "하나님을 심각하게 생각하라"는 회중으로부터 열렬한 반응을 얻은 건설적인 시리즈가 되었다.

내가 했던 가장 긴 시리즈 설교는 고린도전서에 대한 것이었는데, 육십여 개의 메시지가 전달되었다. 창세기는 오십 개—한 장에 한 설교씩—의 메시지가 전달되었다. 그러나 나는 더 이상 그렇게 오래 동안 시리즈 설교를 하지 않는다. 나는 이상적인 길이가 열두 주 정도라고 생각한다. 그것은 한 주제를 발전시키고 계기를 산출하기에 충분하지만, 사람들이 지루해할 정도로 길지 않은 시간이다.

나는 또한 시리즈 설교를 함에 있어서 휴식 기간을 계획한다. 첫째로, 나는 우리가 또 다른 시리즈에 뛰어들기 전에 회중들이 잠시 휴식을 가질 수 있도록 시리즈 사이에 잠시 휴식 기간을 둔다. 또한 그것은 내게 적시의, 특별한 주제에 관한 설교를 할 수 있는 기회를 제공해 준다.

그러나 나는 필요할 경우에는 한 시리즈 내에도 휴식 기간을 가진다. 숭고한 사건들(예를 들어, 크리스마스)로부터 엉뚱한 사건들(밀워키 브루어즈[Milwaukee Brewers, 미국의 프로 야구팀—역자주]가 '월드 시리즈'[World Series, 미국의 프로야구 챔피언 결정전—역자주]에 올랐을 때 '심각한 세상'[World Serious, 저자는 여기서 언어 유희를 시도하고 있다—역자주]에 대해 설교하는 것)이 시리즈 내에 휴식 시간을 갖게 만드는 것이다. 때로 나는 사도신경의 "십자가에 못박혀 죽으시고"

와 "장사지낸지 사흘 만에 다시 살아나시고"처럼 특히 종려 주일과 부활절처럼 특별한 날에 꼭 들어 맞는 항목을 본문으로 삼은 시리즈 설교를 할 수 있다. 또 어떤 때에는 단순히 시리즈를 멈추고 특별한 설교를 한다. 만일 내가 크리스마스를 전혀 고려하지 않고 계속 시리즈 설교를 해나간다면, 그것이 어떤 사람들의 기분을 상하게 만들 수도 있을 것이다.

### 시리즈의 유형들

내가 전형적으로 설교하는 두 가지 유형의 시리즈 가운데 책 시리즈는 가장 간단하다. 나는 성경의 한 책을 선택해서 설교할 수 있는 몇 부분으로 나눠 계속 설교해 나간다. 나는 매주 그 부분들을 설교할 때 사람들이 전체를 파악할 수 있도록 애쓴다.

예를 들어, 나는 최근에 "좋은 삶을 향유하라"는 제목으로 신명기에 대한 시리즈 설교를 했다. 나는 대부분의 주에, "모세가 이스라엘 자손들을 약속된 땅으로 인도할 때, 그는 그 땅이 좋은 것들로 가득차 있는 좋은 땅이라고 말했습니다. 그리고 하나님께서는 그들로 하여금 그 땅을 향유하게 하시기를 원하셨습니다. 그것은 이스라엘 자손들을 오늘날 우리 대부분이 처하고 있는 상황으로 인도했습니다. 우리는 최근에 이 좋은 삶이 어떤 것인지에 관해서 살펴 왔습니다. 오늘은 이런 측면에 대해서 말씀드리고 싶습니다"와 같은 말로 설교를 시작하곤 했다.

나는 선택한 책의 전반적인 메시지를 현실의 주제와 통합하고자 애쓴다. 나는 성경의 자료를 특별한 현실적인 제목으로 적용한다는 의미에서 각 메시지를 주제 설교로 만들기를 원한다.

어떤 면에서, 이것은 그 책에 대한 연구와 내가 설교하기를 원하는 두 번째 유형인 주제 설교 간의 구별을 희미하게 만든다. 사도신경, 그리스도의 "나는 …이니" 말씀들, 계시록의 교회들, 또는 주기도문에 대한 나의 메시지들이 이런 범주에 속한다. 만일 여러분이 내게 대답을 강요한다면, 나는 스스로를 "제목 강해 설교자"—설교할 때마다 그 시리즈가 성경의 책에서 왔든 아니면 일련의 연관된 제목에서 왔든 간에, 어떤 본문을 강해하는 설교자—라고 부를 것이다.

### 설교 추세의 조화

나는 설교 계획을 수립할 때 한 쌍으로 이루어진 몇 가지 강조점들이 조화를 유지하도록 끊임 없이 애쓴다.

**구약과 신약.** 나는 사람들이 일반적으로 구약을 별로 잘 알지 못하고 있음을 발견하게 된다. 그 문제를 바로잡기 위해서 나는 실제 경험으로부터 얻은 다음과 같은 원칙을 따른다 : 신약 시리즈 다음에는 구약 시리즈를 다룬다. 예를 들어, 주로 열왕기와 역대기를 자료로 다윗의 생애에 대해서 설교했을 때, 나의 다음 시리즈는 요한복음으로부터 취하고, 신약의 풍취를 지닌 "제자도"가 되는 것이다.

**교리적인 것과 관계 있는 것.** 나는 충실한 교리 설교가 크게 필요함을 깨닫고 있다. 건전한 교리가 없을 경우에, 사람들은 문제에 빠지게 된다. 그와 동시에, 그들은 가족과 결혼과 대화에 관한 설교들을 원하고 필요로 한다. 사실상, 때때로 그들이 너무나 문제들에 싸여 있기 때문에 "메마른 교리"는 소귀에 경읽기가 되고 만다. 그럼에도 불구하고, 우리는 관계있는 것과 교리적인 것 간의 균형을 잡아야 한다. 더 적절하게 표현해 보자 : 우리는 사람들이 이해하고 관계를 가지는 방법들을 통해 교리를 적용할 필요가 있다.

**남성적인 것과 여성적인 것.** 그린 베이 패커(Green Bay Packer)와 그의 아내와 함께 얼마 전에 가진 성경 공부에 관해 이야기를 나누는 동안, 나는 남자들과 여자들의 의제들(agendas)이 얼마나 다른지를 깨닫게 되었다. 그 여자는 이렇게 말했다. "우리 아내들은 '뛰어난 여자가 되는 법'을 연구하고 있어요. 그런데 남자들은 '천사들 중의 전쟁!'을 연구하고 있답니다"라고 말했다. 우리는 웃었지만, 그것은 차이점들을 강조해 주었다.

여자들은 심금을 울리고, 그들의 집과 가족, 또는 역할을 다루는 주제에 마음이 끌리는 경향이 있다. 반면에 남자들은 개념들과 씨름하기를 좋아한다. 나는 시리즈를 계획하고, 제목을 준비하며, 설교를 할 때 두 개념을 동시에 염두에 두고자 애쓴다.

카렌 마인즈(Karen Mains), 베키 피퍼트(Becky Pippert), 그리고 나의 아내 질(Jill)과 만나 이야기하는 동안, 나는 여자들이 사용하는 서로 다른 예화들에 귀를 기울이기 시작했다. 나는 스포츠에 관심이 많았다. 나는 해병대와 사업 세계—남자들의 일에 관해 많이 이야기했다. 그러나 여자들은 가족과 결혼으로부터 예화를 들었다. 그들은 자신과 자신의 실수에 관해 훨씬 더 개방적인 경향을 보여 주었다. 그것들이 내가 내 회중의 50퍼센트 이상인 여자들에게 설교하고자 할 때 포함시킬 필요가 있는 강조점인 것이다.

**내적 성장과 외적 사역.** 나는 외적 사역에 너무 집중한 나머지 모든 사람을 지치게 만드는 설교자들을 보아 왔다. 반면에 내적인 사역에 집중한 나머지 자기들의 영역 밖에 있는 사람들을 주목하지 못하는 설교자들도 있을 수 있다. 우리는 열매를 맺기 위해서 주님과 함께 뿌리를 내려야 한다. 그래서 나는 차이를 낳을 수 있도록 사람들을 세상 밖으로 인도함과 더불어 개인적인 성장을 이루도록 권면함으로써 균형을 유지하고자 노력한다.

독립적인 설교들과 설교 시리즈들 모두가 어떤 측면을 지나치게 강조할 수 있다. 정말로 그렇다면, 다음으로 내가 할 설교는 반대 방향에서 균형을 이루어야 한다.


## 계획들은 변한다

나는 당연히 계획을 변경한다. 부활절 다음 주일에 질이 이렇게 말했다. "당신은 그렇게 죽음을 사실적으로 묘사하셨어요, 하지만 나는 약간 개인적으로 묘사할 필요가 있다고 생각해요."

그녀 말이 옳았다. 그래서 나는 다음 예배에서 내 아버지의 죽음에 대해서 이 분 정도만 할애하도록 설교를 수정했다. 회중은 죽은듯이 조용하게 설교를 들었다. 그것은 내가 "시끄러운 침묵"이라고 부르고 싶은 감동적인 순간이었다.

영국 국민의 조용한 기질을 가진 나는 그런 사적인 이야기를 잘 하지 않는다. 그러한 개인적인 자료는 너무나 쉽게 진부한 것이 될 수 있다. 그러나 나는 그때 사적인 이야기를 했다. 비록 그것이 내 원래 계획의 일부는 아니었지만 말이다. 그것은 괜찮은 일이었다. 사람들은 그날 아침 하나님의 말씀을 듣고 느끼고 반응했다. 그것이 나의 계획이었다.

삶을 변화시키는 설교는 사람들에게 성경에 관해서 이야기하지 않는
다. 그 대신에, 그 설교는 성경을 근거로 그들 자신 —그들의 질문들, 상
처들, 걱정거리들, 그리고 갈등들 —에 관해서 이야기 한다.

—해돈 로빈슨

# 제 4장
# 성경의 내용과 삶의 적용을 혼합하는 법

그것은 끔찍스러운 설교였다.

달라스의 한 교회가 요한복음 14장에 대해서 설교해 달라고 나를 초빙
했다. 그것은 쉬운 본문이 아니다. 요한복음 14장은 죽음과 재림에 관한
주석적인 질문들로 가득차 있다. 여러분은 "내가 너희를 위하여 처소를
예비하러 가노니 가서 너희를 위하여 처소를 예비하면 내가 다시 와서
너희를 내게로 영접하리라"는 말씀을 어떻게 설명하겠는가? 예수님께서
어떻게 그 처소를 예비하실까? 그 말씀은 예수님께서 재림하실 때까지
우리가 그 분과 함께 있지 못하리라는 의미인가? 잠자는 영혼은 어떤가?

나는 거의 한 주일 내내 그 본문을 연구하고, 이런 질문들에 답변하기 위해 주석들을 읽었다.

설교하기 위해 강단에 섰을 때, 나는 내가 숙제를 마쳤음을 알고 있었다. 그 문제들이 어려운 것들이기는 했지만, 나는 그 문제들을 연구했다. 그래서 나는 할당된 구절에 대한 충실한 성경적 교훈을 전달할 준비를 갖추고 있다고 확신하고 있었다.

그러나 나는 설교를 시작한지 오 분쯤 지난 후에 문제에 빠진 줄을 알게 되었다. 사람들이 내 설교를 듣지 않고 있었다. 십 분쯤 지났을 때, 사람들은 잠들어 있었다. 앞 좌석 가까이에 앉아 있던 한 남자는 코를 골기 시작했다. 더 나쁜 것은 그가 아무도 방해하지 않았다는 것이었다! 아무도 설교를 듣고 있지 않았던 것이다.

요즘도 그 날 아침에 대해 이야기할 때마다 속이 거북스러워진다.

무엇이 잘못 되었을까? 문제는 내가 어려운 신학적 문제들, 즉 나를 당혹스럽게 만든 문제들과 씨름하는 데 설교 시간 전부를 보냈다는 것이다. 내가 말한 모든 것은 타당한 것이었다. 신학교 강의실이었다면, 그 설교가 효과적인 내용이었을 것이다. 그러나 그 교회, 그 강단에서는 그 설교가 재난이었던 것이다.

어떤 일이 일어났는가? 나는 청중들의 삶의 문제들에 대해 이야기하지 않았다. 나는 그들의 질문이 아니라 내 질문에 답변했던 것이다. 그 날 내 설교를 들은 사람들 중 일부는 얼마 못가서 주님과 함께 있게 될 것이다. 그들이 알고 싶었던 것은 다음과 같은 것이었다. "주님이 나를 어떤 무덤 구덩이 속으로 던져 넣으실까 아니면 저 편의 집으로 안전하게 인도하실까? 내가 천국에 갈 때, 거기에 무엇이 있을까?"

그들은 이런 말을 듣고 싶었다. "아시다시피, 예수님께서는 우리를 위해 처소를 예비하러 가신다고 말씀하셨습니다. 우주의 창조주께서 여러분을 위한 처소를 예비하시기 위해 2,000년을 지내 오셨습니다. 하나님께서는 엿새 만에 세상을 창조하셨습니다. 그 아름다움을 보십시오! 그렇다면 생각해 보십시오. 그 분이 예비해 오신 집이 어떤 모습이겠습니까? 이 생을 마치시게 될 때, 그 분이 여러분을 위한 그 집을 예비하시고 맞아 주실 겁니다.”

그것이 내가 설교해야 했던 것이었다. 최소한 나는 그들의 질문들과 더불어 시작해야 했다. 그러나 나는 그렇게 하지 않았다.

정반대 되는 실수—성경에 뿌리를 두지 않은 채로 실제적인 적용을 하는 데 설교 시간 전부를 보내는 것—를 범할 가능성도 있다. 나는 성경을 경시하기를 원치 않는다. 마천루 설교(a skyscraper semon)—중간에 아무 것도 넣지 않은 채로 연달아 이야기를 전개하는 것—를 하는 것도 가능하다. 그런 설교는 사람들의 흥미는 끌 수 있지만 그들에게 영원한 것들에 대한 깨달음을 주지 못한다. 반면에 “언덕 위의 집”에 대해서 이야기하는 것은 성경이 아니라 컨츄리 웨스턴 음악(country western music)으로부터 취한 것이다. 비성경적인 사색으로 가득찬 설교는 궁극적으로 만족을 주지 못한다.

그 때 내가 서재에서 연구한 것들은 사람들의 질문에 답변하는 데 도움이 될 수도 있었을 것이다. 내가 할 일은 성경의 내용과 삶의 적용을 효과적으로 결합하는 것이다.

## 얼마나 많은 내용이면 충분한가?

그렇다면 우리는 어떻게 성경의 내용과 삶의 적용 간의 적절한 조화를 이룰 수 있는가?

기본적인 원칙은 사람들이 필요로 하는 만큼만 성경적인 정보를 제공하라는 것이다. 그리고나서 적용으로 넘어가는 것이다.

주석과 강해 간의 구별이 여기서 유익하다. 주석은 때로 원문의 동사의 시제나 강조되고 있는 단어를 주목함으로써 본문으로부터 의미를 찾는 과정이다. 그것이 여러분이 서재에서 설교를 준비할 때 하는 일이다. 그러나 그것이 주일 설교에 적절한 경우는 거의 없다. 사실상, 헬라어나

히브리어를 지나치게 사용하는 것은 우리를 건방진 사람으로 만들 수 있다. 내 직업 상의 전문 용어를 사용하는 것은, "저는 여러분이 모르는 어떤 것을 알고 있습니다"라고 말하는 방법이 될 수 있다. 거기에는 나와 청중 간에 거리감을 초래할 수 있는 거만함이 자리 잡고 있는 것이다.

나는 기독교 의사, 치과 의사 협회(Christian Medical and Dental Society)의 지도자로 십 년 간 봉사했다. 의사들은 나와 대화할 때 종종 의학 용어를 사용하는데, 나는 그들이 뭘 말하는지 이해할 수 없다. 언젠가 나는 한 친구에게 이렇게 말했다. "난 자네가 내게 말하는 것처럼 환자들에게 말하지 않기를 바라네. 내가 의학 용어를 모르기 때문일세. 나는 교육받은 사람일세. 하지만 나는 의학에 대해서 자네만큼 교육을 받지 못했지 않은가."

그가 내게 무슨 말을 했는지 아는가? 그는 이렇게 대답했다. "설교자들이 강단에서 항상 그렇게 하고 있지 않은가?"

나는 처음 신학교를 졸업했을 때 그런 일을 많이 했다. 나는 서재와 강단에서 헬라어와 히브리어 지식을 사용하였다. 어느 날 한 여자의 다음과 같은 칭찬이 내 마음에 상처를 주었다. "저는 목사님 설교 듣기를 좋아합니다. 사실 목사님이 원문으로부터 얻은 통찰에 대해서 들을 때, 저는 제 영어 성경이 거의 읽을 만한 가치가 없다는 사실을 깨닫게 된답니다."

나는 집에 가는 길에 이렇게 생각했다. '내가 뭘 한거지? 나는 사람들을 그들의 성경 안으로 인도하려 하고 있어. 하지만 나는 이 여자를 그녀의 성경 밖으로 끌어내고 말았군.'

스펄전은 옳았다 : 시장 사람들이 학문적인 언어를 배울 수는 없다. 그러므로 학계에 있는 사람들이 시장의 언어를 배워야 한다. 쉬운 말로 다시 표현하는 것이 목사의 일이다.

있는 그대로의 주석은 주일 아침 설교에 속하지 않는다. 반면에 거기 속하는 것이 강해이다. 강해는 여러분의 주석으로부터 사람들이 그 구절을 이해하는 데 필요한 것을 끌어내는 것이다. 그들은 여러분이 주석 과정에 행한 모든 것을 필요로 하지는 않는다. 그러나 그들은 구조, 구절의 흐름을 이해할 필요가 있다. 그들은 여러분이 그 구절에 대해서 설교한 몇 주 후에 그 구절을 읽으면서 "오, 나는 이 구절이 뭘 말하는지 알아"라고 말할 수 있어야 한다.

이것이 교회에 주석을 위한 여지가 전혀 없음을 의미가 있는가? 물론 그렇지 않다. 여러분은 연구를 통해서 상세한 성경 공부를 즐기는 특정한 사람들을 도울 수 있는 온갖 종류의 자료를 발굴할 수 있을 것이다. 이러한 작은 조각들을 설교에 포함시키는 것은 설교를 빗나가게 만들 수 있다. 반면에 이런 종류의 기술적인 가르침은 강의실에서는 적절한 것이 될 수 있다.

내가 아는 어떤 설교자들은 주일날 어떤 구절에 대해서 설교한 다음에 관심 있는 소그룹과 함께 수요일 밤에 그 구절을 상세하게 주석하는 공부를 한다.

도날드 그레이 반하우스(Donald Gray Barnhouse)는 이 문제를 다루는 흥미로운 방법을 가지고 있었다. 그는 성경을 읽을 때 주석을 달았다. 그는 동사의 시제나 어떤 표현이 의미하는 바를 간략하게 이야기하기 위해서 성경을 읽을 때 잠시 시간을 끌곤 했다. 그는 성경을 읽는 데만 십 분 정도 시간을 잡곤 했다. 그의 성경 읽기는 그의 주석에 기초하고 있었다.

그럴 때 조차도 반하우스는 자랑해 보이지를 않았다. 그는 회중에게 고대 언어들에 대한 강의를 하지 않았다. 그는 단지 사람들이 성경 기자의 생각의 흐름과 뉘앙스를 파악할 수 있도록 그의 연구에 기초해서 그 구절을 상세히 설명하는 시간을 가졌다. 제10장로교회에 출석하는 사람들은 처음 성경 읽기를 들을 때 설교를 들었다고 생각했던 것이다!

반하우스는 설교에 이르렀을 때, 설교를 설교로 만들어 주는 그 구절의 메시지, 함축된 의미, 적용에 집중할 수 있었다.

### 설교의 "그래서?"

모든 설교는 "그래서?"를 포함한다. 이집트 고고학에 대한 강의는 흥미롭기는 하겠지만 설교가 아니다. 설교는 삶을 다룬다. 설교는 실제적인 적용을 요구하는 것이다.

그러나 그 실제적인 적용이 언제나 똑똑히 설명될 필요는 없다. 예를 들어, 여러분이 내 차를 빌려 타이어를 터뜨렸다 하자. 여러분이 내게 전화를 걸어 "이런 차의 타이어를 갈아 본 적이 없습니다. 어떻게 해야 합니까?"라고 말한다.

나는 여러분에게 어떻게 스페어 타이어를 찾아, 공구를 사용하여 타이어를 갈 수 있는지를 이야기해 준다. 일단 여러분에게 모든 주의 사항을 일러 준 다음에 내가 "자, 이제 당신에게 권고합니다. 타이어를 바꾸실 겁니까?"라고 말하는가? 아니다. 여러분은 이미 차가 다시 움직이기를 바라고 있다. 여러분은 이미 무슨 일이 필요한지를 알고 있기 때문에 권고를 필요로 하지 않는다. 여러분은 단지 분명한 설명을 필요로 할 뿐이다.

어떤 설교들이 그와 같다. 여러분의 청중들은 어떤 성경 구절과 씨름하고 있다. 그들은 그 구절이 의미하는 바를 알고 싶어 한다. 그들이 그 본문을 이해하지 않는 한, 그것을 적용하는 것은 소용이 없다. 그 본문에 관한 그들의 질문들은 반드시 답변되어야 한다.

여러분은 기본적인 신학적 문제들—우리가 하나님과 우리 자신과 타인들을 어떻게 볼 것인가—을 다룰 때 실제적인 적용을 똑똑이 설명할 필요가 없다. 예를 들어, 여러분이 과학의 문제들이라기보다는 신학적 문제들을 다루고 있음을 보여 주면서, 창세기 1장에 대해서 설교한다고 하자 : 하나님은 어떤 분이신가? 여러분은 세 그룹의 날들을 살피는 데 시간을 보낼 수 있다—첫째 날은 빛, 네째 날은 빛들이다; 둘째 날은 바다와 하늘, 다섯째 날은 고기와 새들이다. 각 날에는 하나님의 평가가 따르고 있다. "좋았더라." 그러나 하나님께서는 인간을 창조하신 후에 보시고 "심히 좋았더라"고 말씀하셨다.

그리고나서 여러분은 "우리가 하나님으로부터 무엇을 배우게 됩니까?"라고 묻는다. 우리는 하나님이 선하시며, 창조에 있어서 계획을 가지고 계셨음을 배우게 된다. 또한 다른 모든 생명체가 각기 종류를 따라 지음 받은 반면에 남자와 여자는 하나님의 형상을 따라 지음 받았다는 사실을 배우게 된다. 그 사실이 사람들—우리가 함께 기도하는 사람들, 함께 노는 사람들, 함께 일하는 사람들, 또는 길에 누워 자는 사람들—에 관해 무엇을 말하는가?

설교 전체가 직접적인 적용과는 별 상관 없는 설명이 될 수도 있다. 물론 그것이 적용이 없다는 의미는 아니다. 만일 이 설교의 말미에 누군가가 이렇게 깨닫는다 하자. '저것은 우리의 존재에 대한 의미심장한 진술이다. 평범한 사람은 없다. 모든 남녀는 특별한 가치를 지닌다.' 그 깨달음이 정말로 마음에 새겨진다면, 그것은 한 사람이 자신과 다른 사람들을 보는 관점을 형성함에 따라서 엄청난 실제적 차이를 초래할 수 있다.

또는 로마서 3장을 생각해 보자. 여러분은 실제적인 문제를 제기함으로써 시작할 수 있다. "어떻게 사람이 하나님 앞에 바로 설 수 있습니까?" 그리고나서 여러분은 믿음으로 말미암아 의롭게 된다는 말의 의미에 대한 바울의 다소 복잡한 논의를 통해서 청중들을 인도할 수 있다. 만일 여러분이 그 일을 잘 해낸다면, 여러분이 설교를 끝냈을 때, 사람들이 이렇게 말하게 될 것이다. "그래서 하나님이 우리를 의롭다 하실 때 스스로 의로우신거구나."

명백한 사실은 이 구절이 중대한 적용을 가지고 있다는 것이다. 그러나 그것이 너무나 복잡해서, 여러분은 바울의 주장을 따라가고 동일한 설교 내에서 여러가지 적용을 상세하게 설명하는 데 실패할 수도 있다. 그것은 문제가 되지 않는다. 만일 그들이 멸망의 문제를 제대로 이해했다면, 구원의 문제가 강력한 적용으로 작용하게 되기 때문이다.

우리는 사람들이 스스로 실제적인 적용을 할 수 있다고 신뢰할 필요가 있다. 내가 지금까지 이룬 최선의 성장은 어떤 개념이 나를 사로잡아, 나 스스로 끊임 없이, '어떻게 이것이 내 삶에 적용할 수 있을까'를 물었을 때 일어났다.

물론 여러분은 여러분의 설교를 듣는 사람들이 갖고 있지 않은 지식을 소유하고 있다. 그들이 여러분이 가지고 있으리라고 기대하고 여러분과 함께 나누리라고 기대하는 지식을 말이다. 그러나 여러분은 그 지식을 어떤 면에서 회중을 압도하지 않는 방법, 즉 "만일 여러분이 저와 같은 상황에 처하셨다면, 여러분도 동일한 정보를 얻을 수 있으셨을 겁니다" 라고 말하는 방법으로 그 지식을 함께 나눌 수 있을 것이다. 만일 여러분이 청중들을 위해 모든 실제적인 적용을 제시해야 한다고 느낀다면, 그들로 하여금 스스로 생각하게 하라. 모든 적용을 제시하는 것은 그들의 지성을 평가절하하는 것이다. 여러분이 사실상 그들에게, "여러분은 그것을 적용하는 방법을 스스로 이해하실 수 없습니다"라고 말한다면, 여러분은 회중을 모욕할 수 있는 것이다.

그러나 내게는 더 커다란 위험이 반대 방향에 놓여 있다. 즉 설명에 지나치게 많은 시간을 소비하고 충분한 적용에까지 이르지 않는 것이다. 나는 설교 후에 종종 이런 감정을 느끼게 된다. '그들에게 어떻게 이 일을 해야 하는지를 더 자세하게 이야기해 줘야 했어.' 우리가 "어떻게?" 라는 질문에 답변하지 않는 한, 우리 청중들이 그들이 믿는 바를 따라 산다는 것은 어려운 일이다.

### 실제 생활의 모범들 : 필수적이지만 위험하다

원칙을 삶에 적용하기 위해서―원칙이 어떻게 적용되는 가를 보여 주기 위해서―우리는 실제 생활의 특별한 모범들, 즉 "여기에 이 문제를 직면한 사람이 있습니다. 그리고 이것이 그녀에게 일어난 사건입니다" 라고 말하는 예화들을 제공할 필요가 있다. 그러나 실제 생활의 모범들은 필수적인 만큼 위험을 초래할 수 있다.

예를 들어, 누군가가 정숙함의 원칙에 대해서 설교한다고 하자. 그리스도인은 정숙하게 옷을 입어야 하는가? 그 답은 그렇다는 것이다. 어떤 설교자는 이렇게 말할 수 있다. "글쎄요, 무릎 위로 올라가는 치마는 정숙하지 못합니다." 그래서 그는 무릎까지 오는 치마를 입은 사람들로 가득찬 교회를 섬기게 되었다. 그 교회에서는 한 가지 원칙에 대한 한 가지 적용이 그 원칙 자체의 모든 의미로 취급되었다. 그것이 율법주의의 본질—원칙의 의미를 특별하게 적용하는 것—이다.

일기를 쓰는 친구가 한 사람 있다. 그런데 일기를 쓰는 것이 그에게 도움을 주고 있다. 그러나 그는 일기 쓰기에 관해 이야기할 때, 마치 일기를 쓰지 않는 그리스도인은 성장할 수 없다고 말하는 것처럼 들리게 말을 한다. 여러분이 "만일 이 특별한 행동을 하고 있지 않다면, 당신은 이 원칙을 따르지 않고 있는 겁니다"라고 말할 때마다, 바로 그것이 율법주의인 것이다.

"이것이 이 진리를 적용하는 방법입니다"라고 말할 때마다 율법주의를 조장하는 위험이 따르는 것이 사실이라면, 여러분은 어떻게 실제적인 적용에 대해 설교할 수 있는가? 두어가지 예를 들어 설명해 보겠다.

나의 아버지가 80대에 우리와 함께 살기 위해 오셨다. 얼마 후 아버지는 노쇠하게 되셨다. 그리고 그의 행동은 우리가 더 이상 그를 집에 모실 수 없을 정도에 이르렀다. 그의 별난 행동이 자신과 우리 자녀들을 위험에 빠지게 만들었기 때문에, 우리는 그를 양로원에 보내야 했다. 그를 그곳에서 한 달 동안 지내게 하는 데 내 월급의 반이 들어갔다. 나는 아버지가 세상을 떠나시기 전까지 팔년 동안 거의 날마다 아버지를 방문했다. 나는 팔년 동안 아버지가 그곳에 계신다는 사실에 대해 일말의 죄책감을 느끼지 않고는 그곳을 떠날 수 없었다. 나는 아버지를 우리 집에 모시고 싶었다. 하지만 우리는 그를 적절하게 돌볼 수 없었다.

몇해 후에, 암으로 죽어가고 계시던 장모님이 덴버에 있는 우리 집에 함께 살기 위해 오셨다. 그것은 우리 결혼의 힘든 시기였다. 나는 그 당시 덴버 신학교의 학장으로 자리를 잡으려고 애쓰고 있었다. 내 아내 보니는 밤낮으로 어머니를 돌보았다. 그녀는 젖은 침대 시트를 하루 예닐곱번씩 갈았다. 보니는 열 여덟 달 동안 우리 집에서 그녀를 보살폈다. 비크 부인(Mrs. Vick)이 죽었을 때, 우리에게는 아무런 후회도 없었다. 우리는 보니가 그녀의 마지막 몇 달을 편안하게 해드리기 위해 최선을 다했다는 사실을 알고 있었다.

그리스도인들은 나이가 들어가는 부모들을 어떻게 돌봐야 하는가? 그들을 여러분의 가정에 모셔야 하는가 아니면 양로원에 모셔야 하는가? 이 문제에 대한 단일한 기독교적 답변은 없다. 그것은 여러분의 상황, 자녀, 자원들, 부모들에 달려 있다.

그러나 지침이 되는 한 가지 원칙이 있다 : 우리는 부모를 공경하고 사랑 안에서 그들에게 행해야 한다. 기독교적인 결정을 내리기 위해서, 여러분은 이기적인 전제를 가지고 시작해서는 안된다. 여러분은 개입된 사람을 위한 최선이 무엇인가를 물음으로써 시작해야 한다. 주어진 상황에 그 원칙을 적용하는 방법은 복잡한 변수에 의존한다.

그러므로 율법주의의 함정을 피하는 길은 성경적인 원칙과 그 특별한 적용들을 분명히 구분하는 것이다. 설교에 있어서 그렇게 하는 한 가지 방법은 한 가지가 아니라 두세 가지 서로 다른 예를 들어 설명하는 것이다. 그렇게 하면 여러분은 그 원칙을 어떤 특별한 한 가지 적용과 동일시하지 않게 된다.

우리 아이들이 젊었을 때, 나는 날마다 자녀들과 —온 가족이— 가족 예배를 드리지 않는 것이 하나님을 실망시키는 일이라는 생각 하에 살았다. 문제는 가족 예배가 다른 사람들에게는 제대로 이루어졌지만, 우리 가족에게는 온갖 방법을 동원했음에도 불구하고 제대로 이루어지지 않았다는 것이었다. 우리 자녀들은 겉으로는 시키는대로 했지만 내심으로는 마음이 떠나 있었다. 그러나 우리는 가정 예배를 계속 가졌다. 가정 제단이 기독교 가정의 핵심에 자리잡고 있다고 믿었기 때문이다.

그때 나는 가정 예배가 원칙이 아니라 한 원칙의 적용이라는 사실을 깨달았다. 그 원칙은 자녀들을 하나님을 알고 사랑하도록 양육할 필요가 있다는 것이었다. 나는 가정 예배에 그 배후에 있는 원칙에 속한 불가피성을 잘못 부여했던 것이다.

그리고나서 우리는 우리에게 효과를 나타낸 다른 접근 방법을 사용했다. 우리 두 자녀는 서로 다른 시간에 학교를 향해 떠났다. 매일 아침 비키(Vicki)가 떠나기 전에, 나는 그날 하루에 대해 그녀와 함께 기도했다. 잠시 후에 토레이(Torrey)와 그의 친구들이 내 서재에 모습을 나타내면, 우리는 앉아서 그들이 보낼 하루에 대해서 오 분 동안 기도했다.

그것은 어떤 설교에서 우리 가족이 매일 아침 식탁에 앉아 가정 예배를 드린다고 말하는 것보다는 덜 만족스럽게 들리겠지만, 그것이 우리에게는 그 원칙을 존중하는 효과적인 방법이었다. 설교자는 원칙과 그 적용을 확실히 구분해야 한다.

그러나 이것은 성경적인 원칙이 모호하고 추상적인 것으로 들려야 한다는 의미는 아니다. 때때로 설교자는 원칙을 회중이 이해하는 용어로 다시 표현할 뿐이다.

우리 미국의 개척기에 제재 사업에 종사하는 사람들이 사는 부락이 있었다. 그 마을 사람들은 교회가 필요하다고 느꼈다. 그들은 건물을 세우고 목사를 초빙했다. 그 부락에 이주한 그 설교자는 처음에는 환영을 받았다. 어느 날 오후 그는 우연히 자기 교구민 중 일부가 목재들을 강물에서 끌어 올리는 모습을 보게 되었다. 그 목재들은 강둑 위의 상류에 위치한 다른 마을에서 흘러 내려온 것들이었다. 각 목재에의 끝부분에는 소유주의 도장이 찍혀 있었다. 고통스럽게도, 그 목사는 교회 신도들이 목재들을 끌어내 숨기려해도 숨길 수 없는 도장이 찍혀 있는 끝부분을 톱으로 잘라내는 모습을 보았다. 다음 주일에 그는 "도둑질 하지 말라"는 계명에 대해서 강력하게 설교했다. 예배가 끝나자 신도들이 줄지어 서서 열심히 칭찬을 늘어놓았다. "목사님, 훌륭한 설교였습니다." "정말 힘

있는 좋은 설교였습니다." 그 반응은 그를 크게 괴롭혔다. 그래서 그는 다음 주일 설교를 준비하기 위해서 집으로 갔다. 그는 같은 설교를 했지만 약간 다르게 끝을 맺었다. "여러분은 이웃의 목재의 끝을 잘라내는 죄를 짓지 말아야 합니다." 그가 설교를 마치자 사람들은 그를 마을 밖으로 쫓아냈다.

청중이 분명히 이해하는 말로 원칙을 진술하는 것은 가능한 일이다.

## "우리" 설교와 "여러분" 설교

설명과 적용 간의 관계를 보는 또 한가지 방법은 각각이 요구하는 대명사를 살펴 보는 것이다. 좋은 설교자들은 설교할 때 청중들과 자신을 동일시한다. 우리 모두는 하나님의 말씀이 우리에게 말하는 바를 듣기 위해 하나님 앞에 선다. 히브리서는 대제사장이 사람들에게 속한 일들을 섬기기 위해서 사람들 중에서 선택된다고 말하고 있다. 대제사장은 죄를 짓고 용서를 필요로 한다는 것이 무엇인가를 알고 있었다. 그는 사람들과 함께 씻음을 필요로 한 채로 하나님 앞에 섰다. 그는 사람들과 자기를 동일시하는 가운데 하나님께 사람들을 대표한 것이다.

그러나 바로 그 제사장은 희생제사를 드림으로써 하나님의 정결케 하심을 사람들에게 전달할 수 있었다. 그는 하나님께 사람들을 대표할 뿐 아니라 사람들에게 하나님을 대표했다. 어쨌든 그것 역시도 설교가 행하는 바이다.

좋은 설교를 들을 때, 나는 내 주위에 있는 사람들의 일을 잊어버리는 시점에 이르게 된다. 설교자가 설교를 할 때, 나는 하나님께서 나에 관해서 내게 말씀하시는 것을 체험한다. 설명을 위한 시간이 지나갔다. 적용을 위한 때가 임한 것이다.

그 시점에서, 설교자는 "여러분"을 위해 "우리" 뒤로 떠나는 것이 적절하다. 그 설교자는 더 이상 하나님께 사람들을 대표하고 있지 않다. "우리는 성경의 원칙을 살펴 보았습니다. 다른 사람들이 그 원칙을 적용하는 두세 가지 방법을 살펴 보았습니다. 이제 이것이 여러분에게 무엇을 말해줍니까?

"여러분은 여러분의 돈을 어떻게 사용할 것인지를 결정해야 합니다."

"여러분은 여러분의 결혼 서약을 심각하게 생각할 것인지의 여부를 결정해야 합니다."

여러분이 들은 진리를 가지고 무엇을 할 것인가를 결정해야 하는 사람은 여러분―복수가 아니라 단수―입니다.

설교자가 그 시점에서 "여러분"이라고 말하는 것은 건방진 일이 아니다. 그는 회중으로부터 떨어져 서 있지 않다. 그는 단지 각 청중에게 개인적인 적용을 하라고 도전하고 있을 뿐이다.

결국, 효과적인 적용은 기술에 의존하지 않는다. 그것은 방법이라기보다는 자세이다. 삶을 변화시키는 설교는 사람들에게 성경에 관해서 이야기하지 않는다. 그 대신에, 그 설교는 성경을 근거로 사람들에게 그들 자신―그들의 질문들, 상처들, 걱정거리들, 그리고 갈등들―에 관해 이야기한다. 우리가 그런 철학을 가지고 설교에 접근할 때, 부싯돌이 함께 부딪치게 된다. 어떤 사람의 문제라는 부싯돌이 하나님의 말씀이라는 부싯돌과 부딪혀 그 사람을 하나님을 위해 불붙게 할 불꽃이 튀게 되는 것이다.

성경에는 아무 문제가 없다. 성경은 적절하다. 그러나 나는 설교를 성
경만큼 적절한 것으로 만들기 위해서 내가 할 일을 해야 한다. 그 이유
는 내가 사람들이 떠나면서, "그래서요?"라고가 아니라 "알았습니다!"
라고 말하기를 원하기 때문이다.

—스튜어트 브리스코

제 5 장

# 설교를 흥미로 채우는 법

토론토의 목사이자 성경 교사이며, 나의 좋은 친구인 제랄드 그리피스
(Gerald Griffith)가 어느날 내게 이렇게 말했다. "매주 하나님께서 내
게 자기 백성들을 위한 떡을 주신다네."

나는 그의 눈을 똑바로 쳐다 보면서 이렇게 대답했다. "맞는 말일세.
하지만 자네는 부엌에서 많은 시간을 보내지!"

그는 내 말에 동의할 수 밖에 없었다. "부엌"에서 보내는 시간은 나의
한 주간동안 가장 중요한 시간이다. 그 이유가 무엇일까? 그것은 내가
부엌에서 하나님께서 자기 백성들에게 먹이시고자 내게 주신 것을 준비

하기 때문이다. 그리고 그들이 식성이 까다로운 사람들일 수도 있기 때문이다.

사람들은 여러가지 이유—대부분의 경우에는 타당한 것들이지만 그렇지 않은 경우가 종종 있다—때문에 마음이 어수선해져 있다.

많은 사람들이 고통에 시달리고 있다. 사람들은 직장에서 불행을 느끼고 있다. 가정이 이상적이지 못할 수도 있다. 또는 경제적인 스트레스를 받고 있을 수도 있다. 과중한 일에 억눌려 있을 수도 있다. 어려움에 처한 사람들이 교회에 나올 때, 그들의 생각이 하나님의 메뉴에 대한 식욕을 억누른다. 설교자로서 내가 할 일은 복음의 향기로 근심 걱정으로 여윈 사람들을 압도하는 것이다.

그러므로 나는 설교할 때 끊임 없이, '사람들이 내게 기울이는 미약한 주의를 어떻게 유지하고 사용할 것인가?'를 생각한다. 나는 그들의 주의를 오래 끌지못한다. 주일에 교회 휴게실에서 벌어지는 대화를 듣고 있다 보면, 나는 사람들의 생각이 얼마나 빨리 거룩한 예배로부터 미식축구나 야구 또는 돈 벌이와 정치 문제에 관한 이야기로 옮겨 가는가를 보고 놀라게 된다. 따라서 나의 한 주 동안의 주요한 책임 중 한 가지는 설교를 가지고 그들의 주의를 끄는 것이다.

따라서 나는 적절성을 알아 보기 위해서 내 설교 자료로 하여금 "그래서요?" 테스트("So what?" test for relevance)를 거치게 한다. 성경에는 아무런 문제도 없다. 성경은 적절하다. 그러나 나는 설교를 성경 만큼 적절한 것으로 만들기 위해서 내가 할 일을 해야 한다. 그 이유는 내가 사람들이 떠나면서, "그래서요?"가 아니라 "알았습니다"라고 말하기를 원하기 때문이다.

나는 그렇게 하는 방법이 지성과 감정과 의지에 설교하는 것이라는 사실을 발견했다. 도날드 잉글리쉬(Donald English)가 언젠가 이렇게 말했다. "나는 교회 예배를 떠날 때 스스로에게 이렇게 질문한다. '내가 여기 가져올 필요가 없었던 나의 부분이 어떤 부분인가?'" 그것이 내가 설교에서 사용하는 자료를 통해서 인격의 모든 부분을 접촉하고자 애쓰는 이유이다. 만일 내가 지성과 감정과 의지에 설교한다면, 사람들은 가면서 "그래서요?"라고 말하지 않을 것이다.

## 지성에 설교하라

신학은 지성에 도전한다. 나는 많지 않은 사람들만이 신학의 관점에서 생각한다는 사실을 인정한다. 아마도 문제는 다음과 같은 것일 것이다 : 그들이 자기들의 삶의 배후에 있는 세계관─삶의 철학─을 살펴 보지 않았다. 따라서 나는 설교할 때 그들로 하여금 계속 그것에 대해서 생각하게 만들고자 한다.

예를 들어, 나는 종종 어떤 명제나 신념의 이면을 지적한다. 대부분의 문제들은 최소한 두 가지 측면을 가지고 있다. 따라서 나는 어떤 것을 강조할 때, 다른 사람들이 다르게 믿고 있다는 사실을 지적하고 싶어진다. 종종 나는 반대되는 신념들을 똑똑이 설명할 것이다. 나는 성격이 우유부단해서 그런 것이 아니라 사람들로 하여금 **생각하게** 만들기 위해서 그렇게 한다. 시야가 좁은 사람들은 더 넓은 시야를 열어 줄 수 있는 사람을 필요로 한다.

언젠가 사도 신경에 대한 시리즈 설교를 한 적이 있다. "전능하신 하나님 아버지를 내가 믿사오며…." 시작하는 문구를 정확히 파악시키기 위해서, 나는 한 걸음 물러나 내 회중이 **아버지**로서의 하나님이라는 개념이 우리 사회에서 혼란을 초래하는 이유를 이해할 수 있도록 도움을 주고자 시도했다. 급진적인 페미니스트가 어떻게 느낄까? 나는 그 문제에 대해 독서를 했으므로, 일부 페미니스트의 글을 인용했다. 그리고 아버지들에게 학대를 당한 사람들을 언급했다. 우리 대부분과는 달리 그런 사람들에게는 **아버지**라는 말이 좋은 인상을 주지 못하는 것이다.

나는 계속해서 만일 우리가 성경과 하나님에 대해 고상한 견해를 가지고 있다면, 우리가 하나님을 설명하기 위해서 우리가 아버지들에 대해 갖고 있는 이미지를 과장하지 않도록 주의를 기울여야 한다고 말했다. 그리고 그렇지 않을 경우에, 우리가 과장된 오류로 가득찬 하늘에 계신 아버지와 함께 내버려질 것이라고 말했다. 나는 우리가 "하나님 아버지"라고 부를 때, 우리가 분명히 잘 다듬은 우리의 아버지들에 대한 견해 보다 더 비유적이고 덜 문자적인 것을 의미한다고 결론지었다. 나는 사람들이 성경이 **아버지**라는 용어로 전달하고 있는 초월적인 하나님 개념을 받아들이기를 원했다.

나는 나의 설교를 통해서 사람들의 이해를 넓혀 주고자 애쓴다. 나는 사도신경 시리즈 설교를 하는 중에, "천지를 만드신"이라는 문구에 대해 설교했을 때 그렇게 했다. 우리 사회의 대부분의 사람들은 우주를, 경험적으로 식별 가능한 법칙에 따라 작용하는 폐쇄 체계(a closed system)로 본다. 그렇다면 "천지를 지으신"이라는 표현이 어디에 맞는다는 말인가? 유물론자들과 자연주의자들이 우리 사회를 가득 채우고 있기 때문에, 나는 폐쇄 체계에 대한 대안을 조사하는 것이 불가피하다는 사실을 발견했다. 나는 자연 과학과 이론 물리학을 건전한 신학과 연결시킨 좋은 설교를 가지고 사람들의 주목을 끌 수 있었다.

사람들의 지성에 접근하는 것은 낭비하기에는 너무 아까운 것이다. 그래서 나는 지성을 사로잡으려고 애썼다. 나는 그들의 생각과 이해를 넓히기 위해서 그들이 복음에 주의를 기울이도록 씨름했다.

## 의지에 설교하라

의지에 설교할 때, 나는 반응을 기대한다. 나는 사람들이 설교된 바에 기초해 행동하기를 원한다. 목사인 나는 순회 설교자보다 더 점잖고, 덜 요구적이 되기가 쉽다. 여러 해 동안 사람들과 함께 있을 것이기 때문이다. 나는 한 번에 모든 것을 얻거나 잃을 필요가 없는 것이다.

나는 대개 어떤 굉장히 큰 조치보다는 방향이 올바른 작은 운동을 기대한다. 사람들의 의지란 자연히 움직이는 것 같다. 그래서 나는 작더라도 방향이 올바른 운동을 격려하는 말씀과 예화를 선택하려 애쓴다.

나는 의도적으로 **격려한다**는 말을 사용한다. 대개 사람들은 "도전"보다는 격려에 더 잘 반응한다. 대부분의 사람들에게는 무조건 야단치는 것 보다는 자극과 격려를 필요하다. 따라서 나는 사람들에게 감당할 만한 말씀을 제공하려고 애쓴다.

예를 들어, 나는 "서로 사랑하라 이로써 모든 사람이 내 제자인 줄 알리라"는 말씀에 대해서 설교할 때, 사람들에게 나가서 사랑을 듬뿍 담은 말을 하라고 가르치지 않는다. 그 대신에, 나는 "여러분과 가까운 한 사람을 생각해 보십시오. 오늘 우리가 이야기해 온 바에 비추어 볼 때, 여러분은 그 사람을 얼마나 잘 사랑하고 계십니까? 만일 **아가페** 사랑이 다른 사람들의 행동과 상관 없이 그들의 행복에 관심을 가지는 것이라면, 이번 주에 사랑을 실천하십시오. 여러분의 사랑이 어떤 차이를 낳는지 보십시오"라고 말했다.

나는 의지에 호소하는 전도 설교를 할 때, 회개가 커다란 도약이라기보다는 간단한 한 단계일 수 있지만, 그럼에도 불구하고 모험이 필요하다는 사실을 사람들이 이해하기를 원한다.

한 여자가 더 이상 그리스도의 임재를 느낄 수 없었기 때문에 목사가 함께 기도해 주기를 원했다. 그가 그녀의 문제에 관해 질문했을 때, 그녀는 이렇게 말했다. "그 문제에 관해서 말하고 싶지 않아요. 그냥 기도해 주세요. 그것이 제가 목사님께 원하는 거예요."

그는 어쨌든 부드럽게 문제를 찾아냈다. 결국 그녀는 울기 시작했다. "저는 남자 친구와 살고 있어요. 사실 저는 집을 나갈 의도가 전혀 없어요." 그녀는 불순종한 삶을 사는 동시에 그리스도의 임재를 느끼고 싶어했다. 다시 하나님을 가까이 느끼기를 원한다면, 물론 그녀는 회개하고 불순종한 삶을 끝낼 필요가 있었다. 그러한 의지의 단계가 없다면 그녀의 영적 생활은 김이 빠진 채로 남아 있게 될 것이다.

의지는 교활한 피조물이다. 의지는 때로는 격려를, 때로는 도전을 받을 필요가 있다. 의지에 설교하는 데 있어서의 비결은 어떤 종류의 자극이 여러분의 설교 대상들에게 가장 큰 효과를 나타내느냐는 것을 발견하는 것이다.

## 감정에 설교하라

얼마 전에, 나는 거부 당하신 그리스도에 관해 설교하고 있었다. 그렇게 친숙한 주제는 설교를 듣는 사람을 졸게 만들기 쉬운 주제이다. 그렇다면 내가 어떻게 흥미를 추가할 수 있었을까? 감정이다.

나는 윈스턴 처칠(Winston Churchill)이 전후(戰後)에 겪은 이야기를 들려 주었다. 나는 처칠의 팬이다. 그래서 나는 제2차 세계 대전 중의 그의 엄청난 영향력을 회상했다. 나는 어린 시절에 딱딱 소리를 내는 라디오에서 그의 유명한 연설에 귀를 기울였다고 말했다. "우리는 해변에서 그들과 싸울 것입니다. …우리는 결코 항복하지 않을 것입니다!" 폭탄이 떨어지고, 대공화포 소리가 들리고, 밤하늘을 가로 질러 비취는 서취라이트의 섬광이 끊이지 않았다. 그의 불독 같은 결단은 우리가 그 끔찍스러운 시기를 통과할 수 있게 해 주었다.

처칠은 전쟁 중에 가장 중요한 인물이었다. 그러나 전쟁이 끝난 후 선거가 실시되었을 때, 놀랍게도 처칠은 낙선했다. 처칠이 행한 모든 일에도 불구하고, 영국 사람들은 그를 수상으로 선출하지 않았던 것이다.

그 이야기를 들려 주었을 때, 사람들은 충격을 받은 것 같았다. 그때 나는 아주 조용한 목소리로, "그는 거부당한 사람이었습니다"라고 말했다. 나는 잠시 동안 아무 말도 하지 않았다. 그 생각이 그들의 마음을 흔들어 놓은 동안, 그들은 거부가 의미하는 바를 깊이 느끼고 있었던 것이다.

나는 그들의 감정을 끌었다. 처칠이 거부된 사실이 그들의 마음을 언짢게 만들었던 것이다. 거기서부터 그들의 감정을 예수 그리스도께서 거부당하신 사실로 옮기는 것은 그리 멀지 않은 것이었다.

혹자는 우리가 지성을 희생하여 감정에 호소할 수도 있다고 정당한 반대 의견을 제시한다. 그러나 그것은 내가 안고 있는 문제가 아니다. 나로서는 사람들의 감정을 교묘히 이용하기보다는 그 감정을 잊어버리기가 더 쉽기 때문이다. 순전히 지적인 문제는 지나치게 무미건조할 수 있다. 그러나 감정은 생명을 더해 준다. 감정은 사람들을 반응으로 인도한다. 사람들은 감정과 일체가 된다.

유머는 감정을 유도하기 때문에 내 설교에 있어서 중요한 역할을 감당한다. 유머는 놀라운 종이나 무서운 폭군이 될 수 있다. 그러나 만일 필립 브룩스의 설교에 대한 정의—설교는 인격을 통해 전달되는 진리이다—가 옳다면, 나는 유머를 통해서 진리를 전달해야 마땅하다. 내가 유머를 즐기기 때문이다.

어떤 사람이 언젠가 내게 이렇게 말했다. "저는 지금까지 상당히 오랫동안 목사님의 설교를 들어 왔습니다. 때로 교회에서 집으로 갈 때, 나는 목사님의 말씀이 폐부를 찔렀음을 발견하게 된답니다. 그럴 때마다 저는, '목사님이 어떻게 그렇게 하셨을까'라고 의아히 여기게 됩니다. 그래서 오늘 저는 목사님을 면밀히 관찰하기로 결심했습니다. 그래서 어떻게 그렇게 하셨는지를 발견했답니다. 목사님은 저를 웃게 만드셨고, 제가 웃는 동안 정곡을 찌르신 겁니다."

그는 내가 농간을 부렸다고 말하고 있었던 것이 아니었다. 그 대신, 그것은 진심어린 칭찬이었다. 그는 유머가 우리의 긴장을 풀어 주고, 긴장이 풀릴 때 우리가 말씀을 매우 잘 받아들인다는 사실을 말하고 있었던 것이다.

언젠가 나는 설교를 하면서 경영 상담자가 예수님에 대해서 쓴 왜곡된 메모에 관해서 이야기했다. 그 메모는 제자들의 자질을 평가했다. 예측할 수 있다시피, 그 메모는 대부분의 제자들의 자질을—너무 세련되지 못하고, 전혀 신임할 수 없는 것으로—혹평했다. 그러나 그 메모는 한 사람—유다—의 위대한 잠재력을 높이 평가했다. 사람들은 웃었다. 그들은 아이러니를 느낄 수 있었다. 나는 유머러스한 방법으로 요점을 지적했다. 세련되지 못하고 자질이 없는 제자들은 부활에 의해서 훌륭한 인격을 가진 사람들로 변화되었다.

유머는 또한 설교 중에 정신적인 휴식을 제공한다. 사람들의 마음은 이따금씩 휴식을 필요로 한다. 그런데 유머는 설교의 매력을 더하는 방식으로 휴식을 제공한다. 잠깐 동안의 웃음이 지나간 후에, 사람들은 더 큰 만족을 얻을 준비를 갖추게 된다. 또는 어떤 것―커다란 기침 소리 같은―이 설교의 분위기를 어지럽힐 때, 훌륭한 유머가 담긴 말대꾸가 사람들의 주의를 설교자에게로 되돌릴 수 있는 것이다.

두려움 역시도 좋은 또는 나쁜 목적을 위해 사용될 수 있다. 나는 두려움을 가지고 사람들에게 동기를 부여하기를 주저한다. 나는 차라리 사랑이 그들의 동기가 되게 하고 싶다. 그러나 진부한 구절들에 흥미를 일으키는 데 두려움이 사용될 수 있다. 두려움이 사람들을 사로잡기 때문이다.

친구의 임재가 가져다 주는 안도감에 관해서 설교했을 때, 나는 폴란드에서 열린 목사 회의에서 강연하도록 초청받았던 일을 이야기했다. 바르샤바 공항(Warsaw airport)에 도착했을 때, 마중 나온 사람이 아무도 없었다. 나는 접촉할 사람도, 주소도, 전화 번호도, 폴란드 돈도 갖고 있지 않았다. 그래서 나는 사람들이 가방을 찾아가지고 떠난 텅빈 로비에 홀로 남아 있었다. 곧 직원들이 그 지역을 폐쇄하기 시작했다. 나는 그렇게 거기 홀로 남아 있었던 것이다.

등 뒤에서 누가 "브리스코"라고 부르는 소리를 들었을 때 나의 외로움은 두려움으로 변했다. 고개를 돌려보니 제2차 세계 대전을 다룬 영화에 많이 나오는 긴 가죽 코트를 입은 사람이 서 있었다. 나는 이렇게 생각했다. '어이, 나를 바라 보지 마. 나는 처음부터 이곳에 오고 싶지 않았어!' 그러나 두려움이 미처 사라지기도 전에 그가 내게 다가와 나를 포옹하고 키스를 하며 부드럽게 "브리스코 형제님"이라고 말했다. 그리고나서 그는 내게 몸을 기대며 이렇게 말했다. "빨리요, 전차를 타야 합니다." 그래서 우리는 전차를 타기 위해 함께 뛰었다.

전차에서 그는 내게 "예수님에 대해 소리 높여 이야기 하세요. 영어와 당신이 아는 독일어를 사용하시면 됩니다. 그러면 그들이 이해할 겁니다." 그래서 우리는 전차 안의 가죽 손잡이를 잡고 전차를 타고 가는 동안 예수님에 대한 나의 사랑을 전했으며, 모든 사람이 내 말을 듣기 시작했다. 갑자기 나는 나 자신을 즐기고 있었다. 몇 분 전에 느꼈던 외로움과 두려움, 그리고 전차에서 느꼈던 편안함 간의 차이는 이런 것이었다 : 한 친구가 나와 함께 있었다. 나는 "내가 세상 끝날까지 항상 너희와 함께 있으리라"는 예수님의 말씀을 설명하기 위해서 즐거움으로 바뀐 그 두려움을 사용하였다. 사람들은 나의 두려움을 느낌에 따라서 예수님께서 가져다 주시는 위로 안으로 걸려 들었던 것이다.

감정에 설교하지 않을 경우에, 나는 회중석에 앉은 많은 사람을 잃게 된다. 사람들이 감정을 가지고 교회에 나오기 때문에, 내가 할 수 있는 최소한의 일은 나의 설교를 가지고 감정에 이야기하는 것이다.

### 재미있는 설교자가 되라

설교할 성경 본문이 내가 일생 동안 다룰 수 있는 것보다 훨씬 많기 때문에, 나는 설교를 다 했다는 느낌을 가져 본 적이 전혀 없다. 그러나 나는 내 설교의 무미건조한 부분들을 공략한다. 한 동안 시리즈 설교를 해 온 경우에, 나는 때때로 이렇게 생각한다. '가만 있어봐. 이건 정말 무미건조하군. 여기서 빨리 벗어나서 피해를 최소로 줄이자!'

그런 때 나는 스스로에게 묻는다. 내게 개인적으로 무슨 잘못이 있을까? 어쩌면 나는 피곤할 수 있다. 휴식이 필요할 수도 있다. 다른 문제들이 마음에 자리잡고 있을 수도 있다. 종종 나는 삼십 분 정도의 낮잠이 내가 안고 있는 단기간의 문제를 해결해 줄 수 있음을 발견하게 된다.

나는 또한 스스로에게 이렇게 묻는다. '내가 성경적인 자료와 씨름하지 않고 있는 것이 아닐까? 어쩌면 잠재의식 속에서 재미 없는 것으로 무시해 온 것이 아닐까?' 어쩌면 나는 주제를 심각하게 다루지 않았는지도 모른다. 그것은 설교자와 청중 모두를 지루하게 만들 수 있다. 만일 그렇다면, 나는 새로운, 독특한 각도를 발견하기 위해 더 열심히 일할 필요가 있다. 나는 본문의 호기심을 일으키는 측면을 발견할 때, 내가 할 말에 대해서 사람들의 관심을 끄는 것이 더 쉽다는 사실을 발견하게 된다. 해가 가면 갈수록 내 설교를 재미있게 만들기 위해서, 나는 내 생각을 재미있게 유지시킬 필요가 있다. 그것은 모든 설교자에게 있어서 끝이 없는 과업이다.

아이디어들이 나를 자극해 준다. 나는 김이 빠지기 시작할 때 사람들과 대화하기를 좋아한다. 나는 동료 교역자들과 함께 심오한 신학을 논하거나, 그린 베이 패커(Green Bay Packer, 미국의 프로 미식 축구팀 −역자주)의 라인 배커(linebacker, 미식 축구의 수비수−역자주)와 함께 앉아서 어떤 게임 또는 시즌 후에 육체적으로 회복될 때까지 얼마나 오래 걸렸는지에 관해서 대화를 나눌 수도 있다. 나는 그것이 무척 재미 있고 자극적이라는 사실을 발견하게 된다.

대화는 사람들과 삶과 신앙에 관해서 계속 흥분하게 해 준다. 또한 대화는 설교에 흥미를 더하는 방법들을 제공해 준다. 왜냐하면 대화가 나를 세상 풍조에 밝게 만들어 주기 때문이다. 질과 나는 한 달에 한 번씩 주일 저녁에 열두어 명 되는 사람들을 우리 집에 초청해 커피와 디저트와 대화를 나누는 시간을 마련한다. 나는 단지 사람들을 불러 그들의 흥미를 끄는 문제들에 대해서 이야기하게 할 뿐이다. 나는 그들이 어디 출신이고, 무엇이 그들의 흥취를 자극하고, 그들이 무엇에 관해 이야기하는가를 듣는 것을 좋아한다.

그런 대화들은 종종 서로의 이해를 풍성하게 해 준다. 언젠가 판사와 의료 윤리학 교수가 함께 자리에 앉았을 때, 대화 내용이 낙태로 바뀌었다. 그 교수는 밀워키의 낙태 병원을 경영하는 사람들에 대한 조사를 시행했다. 그는 의료 윤리에 관심을 가지고 있었다. 그런데 그 판사는 가족들의 복지를 다룬 오랜 경험을 근거로 그 대화에 개입했다. 이어지는 대화는 우리 모두를 풍부하게 만들어 주었다.

내게 재미 있었던 것이 언제나 내 회중을 즐겁게 했던 것은 아니다. 예를 들어, 나의 음악적 취향이 회중의 취향을 반영하지는 않는다. 비록 내가 유럽 역사에 큰 관심을 가지고 있다 하더라도, 대부분의 사람들은 그것에 별로 관심을 가질 수 없었다. 이에 덧붙여, 나는 전형적인 남성 취향을 가지고 있는 사람인 반면에, 나의 교구민들 대부분은 당연히 여자들이다. 따라서 나는 나의 취향과 관심사가 기준이라고 생각할 수 없다.

그러므로 나는 다른 사람들을 흥미롭게 만드는 것에 관해 생각해야 한다. 아내와 자녀들의 취향을 이해할 수 있게 된 몇 년 동안을 고려할 때, 그러한 예상이 나를 위협하지는 않는다. 나는 단지 나와 꼭 같지 않은 사람들을 흥미 있게 만드는 것이 무엇인지를 배우기 위해 귀를 열어두어야 한다.

또는 항상 눈을 열어두어야 한다. 나는 비행기를 탈 때, 「글래머(glamour)」나 「미즈(Ms)」 같은 잡지를 후딱 넘겨 보곤 한다는 사실을 인정한다. 때때로 나는 설득력 있게 잘 쓴 기사들이 세속적인 사고를 들여다 보는 창문이 된다는 사실을 발견한다. 나는 종종 노트를 한다. 나는 흥미 있는 자료를 접촉함을 통해서 세속적인 생각을 접하고 세상 사람들이 재미 있어 하는 것을 보게 된다. 삶에 관심을 가지는 것이 내가 사용하는 대부분의 예화들을 산출해내는 것이다.

간단히 말해서, 나는 다른 사람들이 흥미를 가지는 것에 관심을 가질 준비가 되어 있다. 나는 동의할 필요가 없다. 전부를 다 받아들일 필요도 없다. 그러나 사람들의 관심사를 이해하고 그들의 언어를 사용하는 것은 나의 유익을 위한 것이다. 사람들에게 재미 있는 것을 이야기하기 위해서는 그들에게 무슨 일이 일어나고 있는가를 알아야 하는 것이다.

여러분이 그것을 파악할 때, 설교는 농사를 짓는 것과 같다. 나는 자주 이렇게 말한다. "주님, 제가 여기 있습니다. 주님께 말씀드릴 수 있는 한, 저는 제 꾸러미에 좋은 씨를 담기 위해 애썼습니다. 저는 숙제를 했습니다. 저는 제 태도가 옳다고 생각합니다. 그 씨는 제가 가진 것 중에서 가장 좋고, 흥미로운 씨입니다. 이제 그 씨를 뿌리고자 합니다. 주님 여기 뿌립니다. 밭에 무엇이 날까 궁금하군요." 그렇게 씨를 뿌리고난 후에, 나는 농부들이 하는 일을 한다. 집에 가서 쉬는 것이다.

그리고나서 나는 그 씨가 싹이 나고 자라는 모습을 지켜 보아야 한다. 많은 것이 밭에 달려 있다. 하나님께서 씨에 생명을 주셔야 한다. 하지만 결국 나는 내가 뿌린 좋은 씨의 결실을 보게 되는 것이다.

# 3부
# 오늘날의 가장 어려운 주제들

> 논쟁은 설교를 더 어려운 일로 만든다. 그러나 단지 하나님께서 그런 음식으로 자신의 말씀을 채우고 계신다는 이유 때문에, 회중들은 더 맛있는 주제들을 필요로 한다.
>
> —스튜어트 브리스코

제 6 장

# 논쟁의 여지가 있는 주제들을 다루는 법

회중들의 마음을 정확히 알아내기 위해서, 나는 다음과 같은 내용을 적은 카드를 두번에 걸쳐 돌렸다. "나는 다음 주제에 대해서 (    )분 미만의 설교를 듣고 싶습니다. 성경이 (      )에 관해서 무엇을 말하고 있는지를 알고 싶습니다." 어떤 사람은 성경이 하나님에 관해서 말씀하는 바에 대해서 오분 미만의 설교를 듣고 싶다고 말했다.

그러나 사람들은 여러 차례 어려운 문제들을 요청한다. 사람들은 성경의 메시지가 오늘날의 문제들에 맞설 수 있는지를 알고 싶어한다. 나는 그들에게 성경이 그렇게 할 수 있다고 확신시켜 주고 싶다. 그러나 적절성을 향한 길은 논쟁의 여지가 있는 주제로 온통 뒤덮여 있다.

만일 우리가 죄, 도덕, 성, 생활 방식, 또는 그밖의 아드레날린(adrenalin)을 촉진하는 주제들을 다루지 않고도 일생 동안 설교할 수 있다면 일이 더 쉬울 것이다. 논쟁은 설교를 더 어려운 일로 만든다. 그러나 모든 목사가 알고 있듯이, 먹기 좋은 음식만 늘어놓는 설교는 회중을 굶주리게 만들고 그들의 영적인 본질을 좀먹는다. 단지 하나님께서 그런 음식으로 자신의 말씀을 채우고 계신다는 이유 때문에, 회중은 더 맛 있는 주제들을 필요로 한다.

따라서 만일 우리가 종종 논쟁의 여지가 있는 주제들에 대해서 설교하지 않을 수 없다면, 불만을 야기하지 않고도 논쟁을 제시할 수 있는 길이 분명히 있을 것이다.

## 열을 식히고 빛을 밝히라

우리는 감정적인 주제를 다룰 때마다 누군가를 성나게 만들 가능성이 있다. 우리는 목회 사역이 가져다 주는 여러가지 압박에 우리 스스로 부과하는 위기를 추가할 필요가 없다. 그러나 위기가 불가피한 것은 아니다. 우리는 논쟁적인 주제를 비논쟁적으로 설교할 수 있다.

우리는 우리가 섬기는 사람들에게 어떤 문제를 균형 있게 제시하는 성숙함을 보여 주어야 한다. 나는 이 사실이 우리 교회에 해당됨을 발견하였다. 나는 여러 해 동안 여자들의 역할, 영원한 안전, 성령 세례, 성에 관한 다양한 문제들, 그리고 남 아프리카의 상황에 이르는 많은 주제에 대해 설교했다. 그런데 나는 약간 부정적인 반응을 받아 왔다. 나는 중요한 것은 주제라기보다는 방법이라는 결론에 이르게 되었다.

논쟁의 여지가 있는 영역에 뛰어들 때, 나는 완전한 동의를 기대하지 않는다. 그것이 논쟁이 일어나는 첫번째 이유이다. 사람들의 신념 체계는 복잡하다. 당장의 특별한 문제보다 훨씬 더 많은 것이 걸려 있다. 따라서 나는 시작할 때부터 사람들의 마음을 바꿔 놓지 않을지도 모른다는 사실을 인식하는 것이다.

그러므로 나의 목표는 사람들의 마음을 바꾸는 것이 아니다. 격렬한 주제에 대해서 설교할 때 나는 생각을 바꾸려고 하기보다는 넓히려고 애쓴다. 비록 사람들이 자기들의 입장에서 한 치도 움직이지 않는다 할지라도, 그들은 최소한 다른 측면을 인정할 수 있을 것이다. 그것은 하나의 과정이다. 아마도 그들은 여러 해 동안에 걸쳐서 변화될 것이다. 또 변화되지 않을 수도 있다. 어쨌든 나는 다음과 같은 올리버 웬델 홈즈(Oliver Wendell Holmes)의 말에 동의한다. "일단 새로운 개념에 의해 넓혀진 마음은 결코 원래의 모양으로 돌아가지 않을 것이다."

사람들을 변화시키려고 애쓸 때, 나는 단지 열을 더하고 빛을 희미하게 만들 뿐이다. 예를 들어, 나는 여자들의 달란트가 교회에서 낭비되어 온 사실에 대해서 강한 반감을 가지고 있다. 따라서 나는 그 주제에 관해서 이야기할 때 조심해야 한다. 사람들은 종종 내가 두고 있는 아내 때문에 그런 식으로 느낀다고 말한다. 그러면 나는 대개 이런 식으로 대답한다. "내가 이런 식으로 느끼기 때문에 그런 아내를 두고 있다고 생각해 보신 적이 있습니까?" 그렇게 하는 것이 언제나 인기를 끄는 것은 아니다!

화가 나서 설교하는 것은 그 당시에는 기분이 좋을 수도 있다. 특히 화가 머리 끝까지 났을 때 더욱 그렇다. 그러나 결국 그것은 우리가 추구하는 바를 성취하지 못한다.

### 숙제를 하라

논쟁의 여지가 있는 주제들을 다루는 설교자는 적절한 조사를 해야 한다. 이것이 내가 **그리스도의 마지막 유혹**(The Last Tamptation of Christ)이라는 영화를 둘러 싸고 있는 논쟁에 개입하기로 결정했을 때만큼 중요한 적은 결코 없었다. 나는 그 책과 영화를 보는 것이 필수적이라고 생각했을 뿐 아니라 교회사에 대한 지식을 갖고 있는 친구들과 이야기하는 기회를 가졌다. 그들은 내가 이 성가신 문제를 그리스도의 신성과 인성에 관한 초기 네스토리우스 논쟁(the early Nestorian Controversy)의 재현으로 볼 수 있도록 도와 주었다. 그것은 그 주제를 훨씬 덜 위협적인 것으로 만들어 주는 역사적인 관점 안에 두게 만들어 주었다. 그것은 교회가 여러 세기를 거치는 동안 직면해 온 문제인 것이다.

교회의 논쟁들 중에서 새로운 것은 거의 없다. 영원한 안전이라는 주제를 다룰 때마다, 나는 사람들에게, 만일 횟필드와 웨슬리가 이 문제를 놓고 일생 동안 싸운 것이 사실이라면, 내가 35 분 동안의 설교를 통해서 그 논쟁을 종식시키지는 못하리라는 사실을 상기시키고 있다. 그러나 만일 준비를 잘 한다면, 나는 최소한 그들에게 연관된 문제들에 대한 개관을 제공할 수 있다.

## 유머를 사용하라

나는 **마지막 유혹**에 대해 설교하기 위해서 강단에 섰던 시간을 결코 잊을 수 없을 것이다. 엄청난 군중이 모였다. 그리고 분위기는 약간 긴장되어 있었다. 나는 설교가 뜻대로 안될 경우를 대비해서 요약한 자료를 준비해 놓았다고 말함으로써 시작하는 것이 현명하다고 생각했다.

유머는 긴장된 상황을 부드럽게 만들어 준다. 우리는 유머를 사용할 수 있다. 하지만 유머는 또한 솜씨 있게 사용되어야 한다.

나는 자연스럽고 적절한 유머를 사용하려고 애쓴다. 카터와 포드가 대통령에 출마했을 때, 나는 미국이 누구든지 대통령에 출마할 수 있는 유일한 곳이며, 거리에 돌아다니는 두 출마자가 그 사실을 입증한다고 비꼬았다. 나는 그것이 재미 있는 말이라고 생각했다. 그러나 어떤 사람들은 그 말에 분개했다.

나는 영국인인 내가 나를 접대하고 있는 나라를 비판해서는 안된다는 사실을 기억해야 한다. 나는 강단에서 다른 사람들을 얕보는 것이 나 자신과 나의 배경을 놀리는 일이기도 하다는 사실을 기억하려고 애쓴다.

**마지막 유혹**에 대해서 설교하는 동안, 나는 빌라도와 마귀 역할을 한 배우들이 그 영화 전체에서 유일하게 영국식 액센트를 가진 두 사람이었다는 사실을 지적했다. 사람들은 그런 농담을 좋아했다. 그 뿐 아니라 그것은 설교자와 청중을 하나로 묶어 주었다.

### 균형잡힌 설교를 하라

논쟁이 되고 있는 주제에 대해서 설교할 때마다, 나는 모든 측면을 제시하는 것이 공정하다고 생각한다. 내 말은 그저 넘어뜨리기 위해서 허수아비를 세우는 것이 아니라 정직과 공감이라는 두 가지 측면을 제시하고자 애쓰는 것을 의미한다.

**그리스도의 마지막 유혹**에 대해서 설교했을 때, 나는 감독 자신의 진술에 근거해서 그가 영화를 만든 이유와 예수에 관해서 말하고자 했던 바를 우리 신도들에게 전해야겠다고 생각했다. 그 영화를 공격한 많은 사람들이 전혀 그것을 조사하지 않았다. 마틴 스콜세스(Martin Scorsese)는 「시카고 트리뷴지(Chicago tribune)」와의 인터뷰에서 그를 매혹시킨 것이 "예수의 인간적인 부분이 신적인 부분을 받아들이는 데 어려움을 겪었으리라는 생각"이었다고 밝혔다. 나는 이 영화에 대한 균형 잡힌 설교가 그의 결론 중 여러가지를 공격하는 동시에 스콜세스의 의도를 칭찬해야 하리라고 느꼈다. 그 외에도, 사람들이 그 책의 저자와 영화 감독 모두가 그리스도의 신성과 인성을 인정한 것 같다는 사실을 깨달을 때, 그것이 그들의 비판을 누그러뜨리는 경향을 나타냈다.

문제의 양 측면을 개괄한 후에 내가 성경적인 관점이라고 느끼는 바를 제시할 수 있는 경우가 종종 있다. 물론 그렇게 할 수 없는 경우도 있다. 그런 경우에, 나는 단지 사람들에게 스스로 생각하고 스스로의 결론에 이르도록 도전할 뿐이다. 나는 이 사람들이 성경을 믿고 있음을 나 자신에게 일깨워야 한다. 성경이 말씀하는 바를 제시할 때, 성경이 우리 모두에게 권위를 가지게 되며, 우리 모두가 함축된 사실들과 씨름해야 한다.

반면에 나 자신을 권위로 세울 때, 그들은 나와 씨름하게 되는 것이다.

### 때를 잘 맞춘 말씀

나는 매 달 논쟁의 여지가 있는 주제들을 다룬다는 인상을 주고 싶지 않다. 그럴 경우, 나는 인기만 노리는 죄를 범하게 될 것이다. 나는 내 설교들이 교회의 입장에서 슈퍼마켓의 광고지에 필적하는 것이 되기를 원하지 않는다. 나는 대부분의 경우 다른 어떤 주제에 대해 설교하는 동안 논쟁의 여지가 있는 문제를 다룬다.

이스라엘 사람들의 가나안 정착에 대한 시리즈 설교를 하는 중에, 자녀들에게 전수된 아버지들의 죄를 언급하는 신명기의 한 구절에 이르게 되었다. 나는 이것을 부모들이 자녀들의 잘못에 대해 비난을 당하고, 사람들이 스스로의 죄에 대한 책임을 지지 않고 있는 일부 교회의 추세에 대해 설교하는 좋은 기회로 보았다. 내가 그 주제에 대해 설교했을 때, 어느 누구도 논쟁적인 설교를 예상하고 교회에 오지 않았다. 그러나 그럼에도 불구하고 그들은 논쟁적인 설교를 듣게 되었다.

나는 또한 내가 같은 교회를 십팔 년 동안 섬겨 왔다는 사실을 지적해야 한다. 그것은 신학교를 갓 졸업한 사람이 갖고 있지 못한 신뢰를 내게 부여하였다. 나는 한 교회에서 보낸 처음 몇 년 동안 논쟁적인 주제들에 대해 설교하기 전에 조심스럽게 생각했을 것이다. 그것은 회중의 필요와 성숙도를 지각하는 문제이다. 나는 결코 논쟁을 위한 논쟁을 유발하지 않는다.

### 목회적인 고려 사항들

논쟁적인 주제에 대해서 설교할 때마다, 나는 이론 이상이 달려 있음을 염두에 두려고 애쓴다. 나의 회중에 속한 실제 사람들은 그 주제에 함축된 사실들과 씨름하고 있다. 어떤 사람들은 낙태를 경험했다. 어떤 사람들은 동성연애적인 욕구에 당황하고 있다. 어떤 사람들은 부도덕한 생활을 하고 있다. 어떤 사람들은 알콜 중독자들이다. 나는 그 문제를 "그대로" 내버려 둘 수 없다. 나는 분별력 있는 행동 과정을 제시할 수 있도록 상황을 충분하게 생각해야 하는 것이다.

결혼에 대한 하나님의 계획에 대해서 설교했을 때, 나는 회중 중의 결혼하지 않은 채로 동거 중인 커플들을 염두에 두었다. 나는 그들에게 그것이 하나님의 뜻이 아니라고 단순히 말할 수도 있었다. 그러나 나는 이 커플들 중 일부가 재정적으로 지불 능력 이상의 채무를 지고 있음을 깨달았다. 그들은 동거 생활을 통해서 수백 불을 절약할 수 있었던 것이다. 그런 경우에, 그들은 교회가 그들을 비싸지 않은 집에 살 수 있도록 도와주리라는 말을 들을 필요가 있다. 어쨌든 그들은 별거해야 한다. 그러나 만일 내가 그들의 상황을 이해하고 있다는 사실을 그들에게 전달할 수 있다면, 그들이 변화되기가 훨씬 더 쉬워질 것이다.

나는 또한 낙태, 이혼, 또는 아동 학대 같은 주제를 다룰 때 엄청난 고통이 개입된다는 사실을 기억하려고 애쓴다. 나는 진리로 사람들을 심하게 비난함이 없이, 그들의 체험에 민감해야 한다. 이 교훈을 배우는 데에는 상당한 시간이 걸렸다.

나는 내가 처음으로 민감한 주제에 대해 설교했던 때를 기억한다. 낙태의 문제가 엄청난 혼란을 초래하고 있었다. 교회의 모든 사람이 그것에 관해 이야기하고 있는 것 같았다. 나는 또한 우리 성도들이 기본적인 동의에는 이르고 있다 하더라도, 일부 성도들이 세부 사항과 올바른 성경적 반응에 관해 당황하고 있음을 알고 있었다. 나는 그 문제가 아무리 논쟁적이라 하더라도, 그 문제를 직시할 때가 왔다고 결심했다.

그래서 나는 적절한 구절들을 연구하고, 최근의 문헌을 읽은 다음에, 생명의 신성함에 관한 영감 있는 메시지라고 생각한 것을 전달했다. 나는 한 친한 친구의 솔직한 평가를 들을 때까지는 기분이 좋았다. 그는 이렇게 말했다. "자네도 알다시피, 평범한 사람들의 원칙에 따른다면, 자네는 낙태를 고려하고 있는 서너 명의 결혼하지 않은 여자들에게 설교했을걸세." 그는 계속 이렇게 말했다. "나는 오늘 아침 자네가 말한 바가 그들의 딜레마를 더 무겁게 만들었을 뿐이라고 생각한다네."

그는 계속해서 내가 그들에게 올바른 결정을 내리도록 강력하게 도전했음에도 불구하고, 그들의 고통스러운 상황과 그들이 느끼고 있었을 수치감을 민감하게 느끼고 있음을 보여 주는 데에는 실패했음을 설명해 주었다. 나는 달차서 아이를 낳는 막중한 책임을 다루는 데 대해서는 아무런 도움도 주지 못했던 것이다. 그것은 진리를 가지고 사람들에게 상처를 입히기가 얼마나 쉬운 일인가를 생생하게 일깨워 주는 기억이 되었다. 진리는 통렬할 수 있다. 하지만 우리가 그럴 필요는 없는 것이다.

## 기회로서의 논쟁

종종 기독교 또는 그리스도를 돋보이게 하는 일이 자주 일어난다. 예수 그리스도께서 너무나 많은 젊은이들의 관심을 사로잡았던 60년 대에 이런 일이 일어났다. 불행하게도, 많은 그리스도인들이 기운을 상실한 까닭에 우리는 사람들을 접촉할 기회를 크게 상실했다.

70년 대에 지미 카터는 자기가 중생한 그리스도인이라고 선언했다. 모든 사람들이 그 체험에 관해서 이야기하고 있었다. 아이러니칼한 사실은 많은 그리스도인들이 그러한 문화적인 기회를 이용하기보다는 카터의 대통령직을 반대하는 목소리를 높이는 데 더 관심을 가졌다는 것이다.

지난 해에도 그런 기회가 주어졌다. **그리스도의 마지막 유혹**이라는 영화가 상영되었을 때, 그것이 곧 국가적인 뉴스로 부각되었다. 여러분은 신문을 대할 때마다 어김없이 그 영화에 대한 누군가의 반응을 찾아 볼 수 있었다. 그것은 보통 사람들의 뜨거운 관심사였다. 그러나 그 영화는 더 큰 이야기의 일부였을 뿐이었다.

진짜 뉴스는 예수 그리스도가 열여섯 번째로 타임지의 커버를 장식한 1988년 8월 15일에 모습을 드러냈다. 그것은 기록적인 사건이었다. 특히 1900년 전에 죽은 사람들에게 말이다! 불행하게도 우리는 그 영화를 비판하는데 너무나 바빴던 나머지 세속적인 지성에 도전하는 기회를 상실했다.

그 기회를 잃고 싶지 않았던 나는 회중에게 그 영화에 대해서 설교할 것이라고 선언했다. 우리는 믿기 힘든 반응을 얻었다. 사람들이 자기들만 참석했을 뿐 아니라 온갖 비교인 친구들을 초청했던 것이다.

우리 성도 중에 회의적인 동료들에게 자기 신앙을 변호하는 데 많은 시간을 보내는 젊은 변호사가 한 사람 있었다. 그녀는 그들이 그 영화를 본 사실을 알고 있었기 때문에 그 영화에 대한 내 설교를 듣도록 그들을 초청했다. 이유가 무엇일까? 나는 매우 시사성 있는 문제를 다루는 위험을 감수했다. 나는 사람들의 가려운 부분을 긁어주고 있었던 것이다.

그것은 진짜 모험이었다. 특히 한 친구가 정말로 모험을 감수하게 만들었다. 그녀는 내가 그 영화를 비평함에 있어서 너무나 관대했다고 생각했다. "목사님은 우리 신앙을 타협하셨어요." 어떤 면에서, 나는 그녀가 실제로 그 문제 때문에 우리 교회를 떠날지도 모른다고 생각했다.

그러나 그후 어느 날 그녀는 머리를 하러 미용실에 갔다가 미용사가 이렇게 말하는 것을 듣게 되었다. "나는 이번 주에 정말 놀라운 영화 한 편을 관람했어요."

내 친구는 이렇게 대답했다. "오 그래요? 어떤 영화를 보셨는데요?"

**"그리스도의 마지막 유혹**이요."

이 말은 즉시 내 친구의 관심을 사로잡았다.

그녀는 의심하는 듯한 어조로 이렇게 물었다. "뭐가 그렇게 놀라웠는데요?"

그 미용사는 이렇게 대답했다. "글쎄요, 그 영화가 예수에 관해 생각하게 만든 것 같아요. 내 말은 그가 많은 일을 겪었다는 거예요."

내 친구는 이렇게 제안했다. "제 말 좀 들어보세요. 그 영화를 설명하는데 도움이 되는 테입을 알고 있어요. 관심이 있으세요?" 결국 그녀는 그 미용사에게 그 테입을 주었다. 그 테잎은 그녀에게 증거할 수 있는 기회를 제공했던 것이다.

내 친구는 후에 나를 찾아 와 이렇게 말했다. "마지 못해 한 말씀 드려야겠군요. 이제 나는 당신이 무슨 일을 하고 있었는지 알게 되었어요."

논쟁의 여지가 있는 주제에 대해 설교하는 데에는 분명히 위험이 따른다. 그러나 나는 논쟁의 여지가 있는 주제들을 무시할 경우에, 기독교의 적절성을 논증할 적시(適時)의 기회 역시 무시하게 된다는 사실을 배워왔다. 그리고 그것은 놓치고 싶지 않은 기회이다.

성이라는 주제에 대해서 설교하는 것은 내가 하는 일 중에서 가장 힘든 일 중 하나이다. 그것을 피하는 편이 훨씬 쉬울 것이다. 그러나 그렇게 되면 오용(誤用)된 성이 가져다 주는 도덕적 파멸로부터 사람들을 구원하는 일도 없을 것이며, 그들을 하나님께서 이 선물을 위하여 의도하신 기쁨으로 인도하는 일도 없을 것이다.

―빌 하이벨스

제 7장

# 성(性) : 너무도 미묘한 주제에 대해 설교하는 법

언젠가 한 교수가 "여러분은 얼마나 자주 예언에 관한 생각들을 즐기십니까?"라고 물었다.

한 학생이 우리 대부분을 깜짝 놀라게 만든 대답을 했다. "일 년에 두 번쯤 합니다. 한 번은 크리스마스 때 쯤이고 또 한 번은 이사야 53장을 듣게 되는 부활절 때 쯤이죠."

그러자 그 교수가 이렇게 질문했다. "좋습니다. 그렇다면 여러분은 성에 대해서는 하루에 몇 번 정도 생각합니까?" 침묵이 흘렀다. 그 교수는 자기의 목적을 달성했다. "여러분은 인간의 성―사람들이 항상 이야기하는 것 -과 성경적으로 연관된 설교를 몇 번이나 듣습니까?"

그 질문이 나를 사로잡았다. 그래서 나는 청년 사역을 시작했을 때, 그의 충고를 실행에 옮겼다. 결국, 십대들의 마음을 사로잡고 있는 것이 무엇인가?

그러나 나는 나이가 들어 결혼을 하고, 한 교회를 목회하고 있고, 사춘기의 호르몬 전쟁으로부터 시간상 멀리 떨어져 있음에도 불구하고, 내가 아직도 성에 관심을 가지고 있음을 깨닫게 되었다. 또한 나는 나만 그런 것이 아님을 알고 있다. 내가 성적인 문제에 대해서 설교할 때마다, 교회가 급속도로 성장하기 때문이다.

성은 우리 마음 속에 자리 잡고 있다.

그 정도로 우리의 사고 생활의 많은 부분을 사로잡고 우리의 인격의 많은 부분에 영향을 끼치고 있는 것은 강단에서 설교되어 마땅하다. 그 생각들 중 일부가 오도되고 있으며, 하나님의 교정을 필요로 하고 있기 때문이다. 성에 관해 설교하지 않는 것은 우리 문화의 가장 싸움이 활발한 전선(戰線) 중 하나에서 나의 진지(陣地)를 포기하는 일이 될 것이다.

## 왜 천사들이 발끝으로 걷고 있는 곳에 뛰어드는가?

나는 성적인 문제들에 관해 설교하는 것이 있음직한 문제들로 가득차 있음을 인식하고 있다. 나는 사람들을 공격할 수도 있다. 나 자신을 포함한 누군가를 당황하게 만들 수도 있다. 그리고 청중들의 생각을 혼란에 빠뜨릴 수도 있다.

그러나 나는 그 주제를 무시할 수 없다.

이 주제에 관한 잘못된 정보가 결혼한 사람들을 혼란에 빠뜨리고 있다. 젊은이들은 온갖 잘못된 자료들로부터 행동의 단서를 얻고 있기 때문에 실수를 저지르고 있다. 독신자들은 성적인 딜레마들과 씨름하고 있다. 성은 분명한 기독교적인 조언을 간청하고 있는 주제인 것이다.

예를 들어, 주일 날 아침 교회에 앉아 있는 결혼한 커플들에게, "인생의 이 시점에서 배우자와 훌륭한 육체 관계를 가지고 계신 분들이 여러분 중 얼마나 됩니까?"라고 묻는다고 하자. 내가 연구한 바에 근거해서 추측해 본다면, 30퍼센트 또는 그 이하가 활기가 넘치는 관계를 갖고 있다고 대답할 것이다. 만일 그것이 사실이고 나의 연구와 체험이 그렇다고 말한다면, 집사들과 주일학교 교사들과 제직들과 교인들과 목사들의 70퍼센트가 상당한 정도의 성적 욕구 불만을 체험하고 있는 것이 된다.

사람들은 스스로에게, '내 성적 욕구 불만이 내게 아무런 영향도 끼치지 못하게 할거야'라고 말할 수 있다. 그러나 어쨌든 그 욕구 불만은 어떻게든 출구를 찾을 것이다. 내가 윌로우 크릭 교회에서 설교와 그밖의 사역들을 통해서 행하고자 하는 바는 대화를 촉발하는 것이다. 왜냐하면 대화는 수용할 만한 출구가 될 수 있기 때문이다. 나는 이렇게 말한다. "그 문제를 이야기 해 봅시다. 뜻이 맞는 상대와 탈선을 벌일 때까지 욕구 불만이 쌓이게 내버려 두지 맙시다. 그건 끔찍스러운 출구이기 때문입니다." 우리는 성이 결국 불필요한 상처를 초래할 때까지 성을 무시하는 것과 반대로, 책임감 있게 성에 관해서 이야기하는 데 헌신되어 있다.

최근에 나는 "서로에게 진실을 이야기합시다"라는 제목의 시리즈 설교를 했다. 그 중 한 설교 예화는 자기 아내와의 관계에서 느끼는 성적인 욕구 불만에 관해 스스럼 없이 대화하는 한 남편에 관한 것이었다. 그 예화는 결혼 관계 내에서 그런 식으로 성에 관해 대화하는 것이 타당하다는 메시지를 전달했다. 욕구 불만들은 다른 곳에서 모습을 나타낼 때까지 잠복해 있을 필요가 없는 것이다. 물론 진실을 이야기하는 것이 번거로움과 복잡함을 초래할 수 있다. 그러나 우리는 최소한 시도해 볼 필요가 있다. 나는 회중에게서 호응하는 분위기를 읽을 수 있었다. 강단에서 성에 관해 이야기한 것, 감히 성이라는 문제를 숨기지 않고 털어놓은 것이 그러한 대화가 결혼 관계 내에서도 일어날 수 있다는 인식을 그들에게 제공했던 것이다.

내가 바라는 것은 주일 날 아침에 한 그런 솔직한 이야기가 한 주 내내 보다 솔직한 표현들로 인도해서, 사람들이 그들이 필요로 하는 도움을 얻을 수 있게 되는 것이다. 한 수양회에서 우리 교회의 한 남자가 친구들에게 이렇게 말했다. "저는 여러분의 도움이 필요합니다. 제 아내는 어린 시절에 성적 학대를 받았습니다. 그런데 그녀가 그 기억들을 철저하게 억눌러 왔기 때문에, 그녀는 모든 것이 폭발해버린 이년 전까지 그 기억들을 의식하지 못하고 있었습니다. 비록 그녀가 지금 상담을 받고 있기는 하지만, 이 문제는 우리 결혼을 위기에 빠뜨렸습니다. 저는 우리 결혼을 유지하기 위해 씨름하는 동시에 저의 교회 사역과 아이들을 돌보기 위해 애쓰고 있습니다. 저는 정말 고통에 빠져 있습니다."

그 그룹은 자리에서 일어나 그를 중앙에 있는 의자에 앉히고 그를 위해 함께 기도했다. 그들은 눈물을 흘리며 이제는 홀로 짐을 질 필요가 없게 된 그를 얼싸 안았다. 그가 자신의 어려운 문제를 밝힐 수 있다고 생각한 것은 우리가 교회 내에서 성적인 문제들에 관해서 대화할 수 있다는 사실을 알렸기 때문이었다. 그가 선택한 그룹은 사람들이 사랑을 가지고 그가 밝힐 사실을 들을 뿐 아니라 그 사실을 오용하거나 퍼뜨리지 않을 적당한, 작은 친교 모임이었다.

내가 관심을 가진 것은 성을 대화가 가능한 주제로 만드는 외에도, 사람들이 인간의 성을 하나님의 선물 중 한 가지, 우리를 향한 그 분의 계획의 일부로 이해하는 것이다. 나는 매주 우리의 교제를 통해서 그리스도를 추구하는 비그리스도인들에게 설교를 한다. 많은 사람들은 그리스도인들을 빅토리아조풍의 사람들―Victorian, 성을 더럽고 추한 것으로 생각하는 즐거움이 없고, 억압된 사람들―로 판에 박은 것처럼 인식해 왔다. 나는 그들이 성적인 충동―강력한 충동까지를 포함한―이 필요악이 아니라는 사실을 알게 되기를 바란다.

내가 긍정적이고도 하나님을 영화롭게 하는 방식으로 당황하지 않고 솔직하게 인간의 성에 대한 하나님의 놀라운 계획에 관해 이야기할 때,

그것은 여러 사람에게 큰 뉴스가 된다. 그것은 기독교가 우울한 종교이며 설교자들이 비난을 일삼는 자들이라는 그들의 편견을 무너뜨린다.

물론 나는 계속해서 성이 커다란 유익 또는 엄청난 파멸을 위해 사용될 수 있으며, 그렇기 때문에 그것이 우리가 이해하고 예수 그리스도의 주권에 복종시킬 필요가 있는 하나님이 만드신 충동이라는 사실을 설명한다.

## 직접적인 설교와 간접적인 설교

나는 두 가지 방법으로 성에 관해 설교한다. 만일 내가 인간의 성의 여러 측면을 공정하게 다루고자 한다면, 나는 직접적인 접근 방법을 취할 필요가 있다. 나는 주제에 뛰어들어, 그것을 발전시키고 설명한다. 그것이 내가 하나의 시리즈 전체를 그 주제에 종종 할애하게 될 이유이다.

예를 들어, 나는 결혼에 있어서의 성적 만족, 로맨스, 불성실, 동성 연애, 성적 학대, 포르노, 원치 않는 임신, 섹스와 독신 등의 주제들과 씨름해 왔다.

그러나 비록 성이 윌로우 크릭 교회에서 금기시 되는 주제가 아니라 하더라도, 나는 내가 다루는 주제들을 제한하고 있다.

예배에 참석하는 사람들 중에 젊은이들이 많이 있기 때문에, 나는 자위 행위나 결혼한 배우자들에 의한 성적인 실험, 또는 이상한 성행위 같은 주제들에 한번도 접근하지 않았다. 아마도 부모들의 90퍼센트가 자녀들과 그런 주제들에 관해서 전혀 대화를 나누지 않았을 것이기 때문에, 이 주제들은 갑절의 위험성을 내포하고 있다. 나는 그 주제들을 함께 자리한 그들의 자녀들에게 먼저 끄집어내고 싶지 않다. 그것은 부모들의 권리를 침해할 것이다. 그 대신에, 나는 사람들에게 그 주제를 다룬 추천 도서를 읽고 나 또는 상담자 중 한 사람과 대화하도록 격려한다. 그리고 나는 그와 같은 내밀한 분위기에서는 사람들이 무척 솔직해진다는 사실을 발견했다.

내가 성적인 주제들에 관해 설교하는 데 사용하는 두번째 방법은 내가 **유지 진술들**(maintenance statements)이라고 부르는, 더 간접적인 방법이다. 나는 사람들이 이전의 설교들을 통해서 들은 완전히 성숙한 교훈들을 상기할 수 있도록, 내 설교의 나머지 부분 내내 그 진술들을 산재(散在)시킨다. 내가 최근에 결혼 상의 정절에 관해 설교를 했다고 하자. 말하자면 나는 우물가의 여자에 대한 설교를 하는 중에 다음과 같은 유지 진술을 던질 것이다. "그녀는 허둥대고 있었습니다. 그녀는 배우자에 대한 정절의 의미를 상실했습니다. 자기의 주님에 대한 정절을 전혀 몰랐던 것처럼 말입니다."

그러나 나는 성에 관해서 설교해야 할 충분한 이유와 그렇게 할 분명한 방법을 가지고 있음에도 불구하고, 여전히 두려움과 떨림을 가지고 강단에 선다. 그것이 얼마나 어려운 것인지를 알기 때문이다. 그러나 나는 여러 해에 걸쳐 배운 다섯 가지 원칙으로부터 도움을 받아 왔다.

### 성에 관한 관점을 제시하라

성에 관해 이야기할 때마다, 절대로 남기고 싶지 않은 한 가지 인상이 있다. 성의 남용이 교회와 하나님이 용인할 수 없는 **유일한** 죄라는 인상 말이다. 나는 그 문제에 그런 종류의 압박을 가하기를 원치 않는다. 성경이 어떻게 하고 있는지를 확실히 알지 못하기 때문이다.

부정한 섹스에 관해서 이야기할 때, 나는 다른 죄에 대해서와 마찬가지로 그것을 죄라고 부른다. 나는 성에 대한 하나님의 율법을 어기는 것이 잘못된 일이라고 말한다. 그러나 내가 주로 강조하는 것은 불순종의 부정적인 측면이다. "하나님께서 결코 그 죄를 용서하지 않으실 것입니다"라고 말하기 보다는 "만일 여러분이 삶의 이 영역 내에서 주님께 순종하지 않는다면, 결국 여러분은 깊은 수렁에 빠진 스스로의 모습을 발견하게 될 것입니다"라고 말하는 것이다. 나는 규칙을 위해서 규칙에 순종하는 것을 덜 강조하는 대신에 하나님의 규례를 어기는 데 따르는 무서운 결과들을 강조한다.

알콜 중독이 하나의 유추를 제공해 준다. 나는 이런 식으로 접근함으로써 알콜에 대한 건전한 태도들을 장려한다. "여러분은 생리학 상의 중독 현상에 대해 알고 계십니까? 실험실의 원숭이가 중독 현상을 치료하기 위해서 얼마나 여러 번 지레(a lever)를 들어 올리는지 아십니까?" 그런 이야기가 사람들의 주의를 끈다. 그러면 나는 이렇게 말한다. "여러분은 약물이 뇌 세포에 어떤 영향을 미치는지 알고 계십니까? 음주 운전 때문에 얼마나 많은 자동차 사고가 나는지 아십니까?" 그리고나서 나는 이렇게 이야기할 수 있다. "이제 여러분은 하나님께서 '중독에 빠질 정도로 술을 가까이하지 말라'고 하신 까닭을 이해하실 것입니다.' 술이 여러분을 노예로 만들 것입니다. 그러나 하나님께서는 여러분을 자유케 하시기를 원하십니다. '이 물질로부터 자유하라'고 말씀하시는 하나님이 놀라운 분이지 않습니까?"

사람들은 그런 설교를 듣고 이렇게 생각한다. '주님 감사합니다. 나를 그렇게 사로잡을 수 있는 것으로부터 지켜 주시니 감사합니다.'

그것이 "하나님께서는 여러분이 더 이상 술을 마실 수 없다고 말씀하십니다"라고 선언하는 설교와 얼마나 다른가? 사람들은 그런 설교를 듣고 떠나면서 이렇게 생각한다. '글쎄, 음주가 세상에서 가장 큰 죄일 수는 없어. 그러니 하나님이나 다른 사람이 무어라 말하든 간에 술을 마실 거야.'

나는 그와 비슷하게 성이라는 주제에 접근한다. "하나님께서는 우리를 보호하시기 위해서 우리에게 규례들을 주셨습니다. 여러분은 위험을 감수하고 그 규례를 어겼습니다. 사실 오늘날 여러분은 난잡한 성생활로 죽을 수도 있습니다." 나는 성이 부리는 행패에 대해서 할 수 있는 한 생생하게 묘사한다. 나는 이 점에 사람들의 주의를 끄는 데 어려움을 겪은 적이 한 번도 없다. 사람들은 내가 과장을 하고 있지 않다는 사실을 알기에 충분할 정도로 죄를 범해 왔다. 그런 설교를 듣는 중에 사람들이 눈물을 흘리는 것은 드문 일이 아니다.

그러나 그럴 때 나는 항상 긍정적인 측면을 이야기 한다. "만일 여러분이 그런 관대한 규례들을 지키고 하나님께서 정하신 한계 내에서 성을 체험한다면, 성은 친밀함과 황홀감을 가져다 주는 놀라운 선물이 될 수 있는 것입니다."

불행하게도, 이런 식으로 설교한다는 것은 쉬운 일이 아니다. 어떤 죄를 **반대하는** 설교를 하기가 오히려 비교적 간단하다. 하지만 성에 대한 긍정적이고도 유익한 설교를 하기 위해서, 나는 더 많은 시간을 준비해야 한다. 예를 들어, "간음하지 말라"는 말씀에 대해서 설교하는 것이 "여러분의 결혼을 연애 사건으로부터 막는 법"처럼 긍정적인 측면에 대해 설교하는 것보다 훨씬 더 쉬운 것이다.

설교를 준비할 시간이 부족하고 정말로 바쁜 주에는 "하지 말라"는 메시지를 준비하고자 하는 유혹을 받는다. 그러나 스케쥴을 더 잘 지키고, 사람들과 그들이 내 설교를 어떻게 받아들일까에 대해서 진정으로 생각하고 기도할 경우에, 나는 사람들로 하여금 악행에 대해서 가책을 느끼도록 만들기보다는 의인들의 보상을 보여 주고 순종을 고무하기 위해서 더 많은 준비를 하게 될 것이다.

### 고통에 민감하라

사람들은 성에 관해서 민감하다. 예를 들어, 사람들이 나의 남자다움을 의문시할 경우에 내가 어떻게 하는가 지켜 보라! 나는 주먹을 휘두르지는 않더라도 감정을 폭발시킬 것이다. 우리의 성이 공격을 받을 때에도 상황은 마찬가지일 것이다. 그러므로 나는 이런 핵심적인 문제들에 관해서 이야기할 때 감정을 상하게 하지 않도록 애쓴다. 자기들의 성에 대한 사람들의 이해―그리고 여러 해 동안의 성에 대한 그들의 관습―가 그들의 인격의 핵심에 너무나 밀접하게 접해 있기 때문에, 그들은 자기들의 결점과 죄를 특별히 예민하게 인식하고 있다.

성의 영역 내의 죄책감은 믿을 수 없을 정도이다. 나는 대부분의 사람들이 성에 대해서 이미 느끼고 있는 깊은 고통을 민감하게 의식하지 않은 채로 "자기에게 범하는 죄"에 관해서 말하거나 "하지 말라"는 말을 쏟아놓을 수 없다. 만일 내가 은혜에 대한 말씀을 포함시킬 수 없다면, 나는 돌이킬 수 없는 상처를 입힐 수도 있는 것이다.

이에 덧붙여, 만일 우리 교회 여자들이 전형적인 여자들이고, 그들이 그렇지 않다고 믿을 아무런 이유가 없다면, 그들 중 과반수는 강제적으로 파괴적인, 또는 원치 않는 성적 체험을 겪어 왔다. 몇 가지 연구가 이 사실을 입증한다. 그 사실은 내가 성에 관해서 이야기할 때마다, 과반수의 여자들이 이러한 사건들이 야기하는 고통과 죄책감과 해결되지 않은 감정들을 다뤄야 함을 의미한다.

나는 사역의 초기에 이러한 현실에 대해 고지식했다. 그리고 그렇게 민감한 문제에 마음을 두지 않았다. 나는 인간의 성이 얼마나 놀라운지에 대해서 이야기하곤 했다. 또한 나는 성이 얼마나 만족스러운 체험을 가져다 주는지에 관해서, 왜 하나님께서 우리를 성적인 피조물로 만드셨는지에 관해서 계속 이야기하곤 했다.

마침내 사려 깊은 여자 성도 몇 명이 나를 따로 불러 이렇게 말했다. "빌 목사님, 그 설교는 대부분의 사람들이 듣기에 매우 좋은 설교입니다. 그러나 사실은 우리들 중 일부가 이 '하나님의 놀라운 선물'이라는 말에 상처를 입었다는 거예요. 사실 우리는 성이 추한 개념이라고 생각했답니다."

그것은 듣기 힘든 말이었다. 그런 태도는 내게 생소한 것이었다. 내가 자라난 고립된 화란인 거주 지역에서는 여자에게 손가락질을 하는 사람을 교수형에 처할 정도였던 것이다! 그러나 오늘날 우리는 성의 남용이 남긴 추한 상처들을 항상 대하고 있다.

나는 인간의 성의 아름다움에 관해 이야기할 때마다, 할 말을 제한해야 한다는 사실을 배워야 했다. "그러나 여러분 중 일부는 이 선한 선물의 다른 측면을 보셨습니다. 여러분은 성을 남용함으로써 자기들의 타락을 드러내는 사람들의 희생 제물이 되어 오셨습니다." 또한 나는 위로와 이해가 담긴 말을 많이 해야 한다.

## 은혜의 방도를 제공하라

다른 위로의 표현들과 함께 하나님의 은혜가 성적인 죄를 덮어 가린다는 사실을 확신시키는 것도 좋은 일이다. 그러나 나는 성에 관해 설교할 때 또 다른 책임을 가지고 있다. 즉 나는 해로운 성적 체험에 의해 상처받은 사람들이 치유를 받을 수 있는 현실적인 방법들을 제공할 필요가 있는 것이다.

얼마 전에 나는 포르노에 관해 설교하기 전에 그것에 관해 연구했다. 오래 걸린 준비 기간이 끝나갈 무렵에, 나는 얼마나 많은 사람들이 포르노에 빠져 있는지를 알게 되었다. 나는 거울을 보고 이렇게 말해야만 했다. '성실하게 이 문제를 다룰 것인가 아니면 이 문제에 관해서 거드름을 피우고, 함정에 빠지고 상처입은 수많은 사람들에게 자기들이 하고 있는 일에 관한 더 나쁜 감정을 남겨줄 것인가?'

그들에게 은혜의 말씀을 주는 것—하나님의 용서에 대해 이야기하는 것—이 한 가지였다. 하지만 실제로 그들을 함정에서 끌어내기 위해서 로프를 떨어뜨리는 것은 또 다른 일이었다.

나는 알콜중독자 갱생회(an Alcoholics Anonymous)처럼 포르노 중독을 해결할 준비를 갖춘 사람들을 지원하는 그룹을 형성하기 위해 한 그리스도인 상담자에게 도움을 청하기로 결정했다. 그러한 그룹은 면밀한 감독 하에서 기능을 발휘할 필요가 있었다. 내가 포르노에 관해서 설교하고 "그렇게 해로운 일에 빠지지 않도록 서로 책임을 지키기 위해" 그룹을 형성하기로 선언한지 일주일 후에 오십 명 이상이 모였다. 그 그룹은 계속 유지되며 효과적인 사역을 수행해 왔다.

성적인 문제들을 해결하기 위해 붙들 수 있는 어떤 것을 사람들에게 제공하지 않는 한, 그들은 그들의 문제로 돌아가는 것을 막기 위해서 방향 감각을 상실한 평형 감각을 의지할 뿐이다. 결혼 심화 그룹(Marriage Enrichment groups), 그룹 상담 프로그램, 상호 신뢰 그룹, 성숙한 지도자들이 함께 하는 훈련 그룹—이 모든 그룹들이 사람들에게 그들의 변성(變性)된 성의 치유를 시작하는 방법을 제공하고 있다.

## 유머를 삽입시키라

나는 유머를 찾기 위해 열심히 연구한다. 유머는 설교 준비의 가장 어려운 부분 중 하나이다. 유머가 적절하게 사용되는 한, 설교시의 유머의 중요성은 아무리 강조해도 지나치지 않다. 어떤 사람들은 그런 체험을 즐기기를 기대하지 않은 채로 교회에 나온다. 만일 내가 그들을 웃길 수 있다면, 그들은 긴장을 풀고 내가 말하려고 하는 내용에 더 마음을 열게 된다.

특히 성에 관해 설교하는 중에 유머는 그 주제의 무게를 완전히 상쇄해 준다. 고통과 죄책감이 감도는 분위기에 주눅이 들어 있거나 비난을 받을지도 모른다고 예상하고 있는 사람들을 잠시 동안 진정시키기 위해 해 줄 수 있는 말이 있다면, 그것은 참으로 귀중한 말이 아닐 수 없다.

나는 한 설교에서 결혼 생활 중의 가장 잘 수립된 계획 조차 종종 실패한다는 개념을 전달하고 싶었다. 나는 아내 린(Lynn)을 최고급 호텔의 허니문 룸에 데리고 갔던 어느 결혼식 기념일에 일어난 이야기를 들려주었다. 나는 어떻게 그녀에게 꽃을 선사하고, 함께 외식을 하고, 특별한 룸 서비스를 신청했는지를 이야기해 주었다. 그것은 대단한 일들이었다. 물론 나는 내가 마음에 품고 있었던 로맨틱한 계획을 즐거운 마음으로 기다리고 있었다. 마침내 불을 껐을 때, 커튼이 열려 있어서 주차장 불빛이 스며들어 오고 있음을 린이 발견했다. 그녀는 어둠 속에서 일어나, 방을 가로 질러, 커튼을 닫고, 더 어두워진 방을 가로질러 자리로 돌아 왔다. 그러나 그녀는 막 침대에 이르렀을 때, 그만 침대 가장자리에 이마를 들이 받고말았다. 상처가 너무 심해서 상처를 꿰메기 위해서 그녀를 데리고 응급실에 가야 했다. 그건 정말 순식간에 일어난 일이었다.

내 이야기를 듣던 사람들은 웃음을 터뜨렸다. 그 때 나는 사람들의 삶에 이를 수 있었다. 보편적인 접촉점, 즉 유머를 접촉했기 때문이었다.

그러나 유머는 적절해야 한다. 나는 언젠가 회중 내의 비교인들에게 의사를 전달하려고 시도하는 중에 무례한 말을 내뱉고 말았다. 나는 "큰 집, 보수가 좋은 직업, 플로리다의 콘도미니엄, 좋은 아내와 두 자녀, 그리고 덤으로 벌어지고 있는 은밀한 일"을 소유하고 있기 때문에 그리스도가 필요없다고 생각하는 성공적인 사람을 구체적으로 언급하고 있었다. 나는 사실대로 이야기했다. 그리고 그 이야기로부터 출발하여 내가 말하고자 하는 바를 계속 이야기했다.

내가 무시했던 사실, 그리고 우리 교회 내의 다수의 여자들에 의해서 내가 상기하게 된 사실은 혼외 정사의 희생 제물이 된다는 것이 황폐한 체험이라는 사실이다. 많은 사람들이 절대로 그것을 극복하지 못한다. 내가 즉석에서 한 "덤으로 벌어지고 있는 은밀한 일"이라는 말은 내가 그 말이 끼치는 영향력을 얼마나 끔찍스러울 정도로 평가절하했는지를 보여 주었다. 우리는 고통스러운 일을 경시할 수 없다. 나는 다른 사람을 희생하여 유모를 사용하기보다는 차라리 유머를 사용하지 않을 것이다.

### 솔직하라

성에 관해서 설교할 때, 설교의 효과를 망치는 분명한 길 한 가지는 마치 내가 성적인 죄에 굴복하지 않는 것처럼 말하는 것이다. "저는 이 성에 대한 문제를 완전히 파악했습니다. 그건 제게 별 문제가 되지 않습니다. 저는 여러분이 저처럼 정욕을 제어할 수 있도록 다음 이십 분 동안 여러분을 바로 잡을 생각입니다." 그것은 전달하는 것이 아니라 거드름을 피우며 이야기하는 것이다.

윌로우 크릭 교회에서의 사역을 시작하기 이전의 여러 해 동안, 나는 단 한 번도 목사가 스스로의 성에 관해 언급하는 것을 들은 적이 없다. 그것이 목사들이 성적인 존재들이 아님을 의미하는가? 그것이 우리가 다른 사람들과 우열을 겨루기를 원치 않는 삶의 영역인가? 우리가 더 오래 침묵을 지킬수록, 그런 의문들은 더 커지게 되는 것이다.

성에 관해서 설교할 때, 일반적으로 나는 이렇게 말할 수 있기를 바란다. "여러분 여기 저의 존재가 있습니다. 저는 저에 대한 여러분의 인상을 귀하게 여기는 것보다 더 여러분을 사랑합니다. 그리고 우리는 여기서 어떤 중요한 일들에 관해서 이야기해야 합니다." 나는 나 자신을 대화에 포함시킨다. 목사인 내가 양무리를 먹이기 위해서 뿐 아니라 최선을 다해서 그리스도께서 나를 인도하고자 하시는 삶의 모델이 되도록 부르심을 받았기 때문이다. 그 삶의 일부가 나의 성이기 때문에, 나는 린과 내가 때로는 만족스럽고 때로는 그렇지 못한 육체 관계를 가져 왔다는 사실 처럼, 개인적인 사실들을 종종 언급할 것이다. 그리고나서 나는 만족스런 관계 배후에 있는 보편적인 요인들을 지적한다.

사람들은 그런 솔직한 말을 이해한다고 말한다. 그 말은 우리가 그렇게 하고 있다고 자랑하고 싶다 할지라도, 항상 멋진 성적 체험을 가져야 할 필요는 없다는 말이다. 나는 사람들에게 우리가 함께 가식과 위선을 버린 남자와 여자들이 될 수 있다는 인식을 제공하고 싶다.

그러나 나의 결혼 생활에는 우리의 관계 내의 압박과 어려움들 때문에 성이라는 주제에 대해서 말하려고 시도하는 것이 개인적으로 내게 파괴적일 수 있는 시기들이 남아 있다. 나는 그 문제에 관해서 혼란에 빠져 있을 때, 마치 아무렇지도 않은 것처럼 그 문제에 관해 이야기함으로써 압박을 더할 필요가 없다.

그것은 내가 감히 나의 강한 부분만을 이야기한다는 말이 아니다. 나의 연약한 부분에 대해서도 이야기하기 때문이다. 그러나 나는 설교하기 전에 상당히 건강할 필요가 있다. 그렇지 않을 경우에, 나는 나 자신의 욕구 불만으로부터 우뢰 같은 "하지 말라"는 말을 쏟아 붓기 시작하는 스스로의 모습을 발견하게 된다. 만일 내가 약간 마음을 가다듬고 더 균형을 잡을 수 있을 때까지 기다린다면, 나는 보다 목회적이고 효과적일 수 있게 될 것이다.

아마도 다른 한 가지 주의 사항이 적절할 것이다. 개인적으로 솔직하게 말하는 것은 단순한 언어적 과시가 아니라 한 가지 목적—회중과의 동일시—을 위해서이다. 나는 개인적인 사실들을 언급하기 전에 린의 허가를 얻는다. 우리 결혼의 친밀함과 고결함을 침해할지도 모르는 예화를 사용하고 싶지 않기 때문이다. 나는 또한 의심스러운 예화들을 장로들에게 전하고 그 예화들에 대해 어떻게 생각하는지를 묻는다. 적절하지 않은 개인적인 일화(逸話)에 대해서는 그들이 거부권을 행사하는 것이다.

그러나 그들은 내게 솔직할 수 있도록 격려해 준다. 그들은 나와 함께 내 메시지가 진실하게 들리기를 원한다. "저는 이 메시지를 전할 필요가 있는 것만큼 그것을 들을 필요가 있습니다. 왜냐하면 제가 여러분이 살고 계신 곳에 살고 있기 때문입니다. 저는 설교할 때 제 설교를 듣습니다."

## 결말

성이라는 주제에 대해서 설교하는 것은 내가 하는 일 중에서 가장 힘든 일 중 하나이다. 그러므로 그것을 피하는 편이 훨씬 쉬울 것이다. 그렇게 되면 내게는 개인적인 영혼 탐구도, 논쟁도, 사람들을 비난할 가능성도 다 사라지게 될 것이다.

반면에 그렇게 되면 오용(誤用)된 성이 가져다 주는 도덕적 파멸로부터 사람들을 구원하는 일도 없을 것이며, 하나님께서 이 선물을 위하여 의도하신 기쁨으로 그들을 인도하는 일도 없을 것이다.

나는 성에 관해서 설교할 때마다 항상 격려를 받으며 집으로 돌아 오게 된다는 사실을 발견했다. 지난 번에 결혼에 관해 말했을 때에는 설교 후에 많은 커플들과 대화를 나누었다. 그 중 한 사람의 다음과 같은 말이 그들의 생각을 대변했다. "우리는 더 이상 불만스러운 성 관계에 만족하지 않을 겁니다. 필요할 경우에는 상담자의 도움을 받아서더라도 만족스런 육체 관계를 누릴 때까지 이 문제를 다룰 겁니다. 우리는 결코 돌이킬 수 없을지도 모르는 혼외 정사를 가질 정도로 서로를 좌절시키기를 원치 않습니다."

성적인 순결에 관해서 설교할 때, 나는 종종 성령으로 말미암아 죄를 깨닫고 부정한 생활을 떨쳐버리기로 결심한 사람들의 이야기를 듣게 된다. 최근에 나는 우리 교회의 새로 그리스도인이 된 한 남자와 대화를 나누었다. 그는 한 여자와 삼년 동안 동거해 오고 있었다. 나는 고통스럽기는 하겠지만 헤어지는 길밖에 없다고 그에게 말했다. 나는 그의 말을 듣고 함께 기도하고 그렇게 할 수 있도록 돕겠다고 약속했다.

그는 떠나면서 이렇게 말했다. "그 문제를 끌어내 말씀해 주신데 대해 얼마나 감사한지 모르겠습니다. 제게 **이 관계를 끝내기 싫어**라고 외치는 측면이 있는 반면에 **하지만 끝내야 해**라고 말하는 측면이 있기 때문입니다. **하지만 저는 그렇게 해야 합니다.** 저는 단지 제게 압력을 가할 사람이 필요했을 뿐입니다. 그렇게 해 주신 데 대해 감사드립니다."

그것이 내가 성에 관한 진리에 대해서 설교할 때—겸손하게, 기도하면서, 사랑으로—일어나는 일이다.

그리스도인의 삶에 여러가지 갈등이 일어나는 이유는 사람들이 하나
님의 사고방식과는 다른 사고방식을 가지고 돈에 접근하기 때문이다.
설교자로서의 나의 목표는 그들의 생각을 하나님의 생각과 일치하게 인
도하는 것이다.

　　　　　　　　　　　　　　　　　　　　　　　　　　　－해돈 로빈슨

# 제 8 장
# 돈 : 간섭하려고 움직일 때

메디슨 가(Medison Avenue)의 한 광고 회사가 몇 해 전에 비교인
들을 대상으로 조사를 하면서, 그들에게 교회에 대한 인상을 물어 보았
다. 응답자들은 이렇게 대답했다. "교회의 문제는 사람들이 언제나 슬프
거나, 죽음에 대해서 이야기하거나, 또는 돈을 요구한다는 겁니다."

그에 대한 반응으로 오늘날 많은 교회들이 분위기를 돋구고, 죽음에
대해서 많이 이야기하지 않으며, 돈이라는 공격적인 주제에 대해서 거의
언급하지 않고 있다.

물론, 효과적으로 전도하고자 하는 바램이 우리 설교자들이 돈에 대해

서 말하기를 꺼려하는 유일한 이유는 아니다. 교회 내외의 많은 사람들이 돈을 부정 이득(filthy lucre)이라고 느낀다. 한 평신도가 자기 교회의 목사가 십 년 동안 있으면서 단 한 번도 돈에 대해서 이야기하지 않았지만 그 교회가 재정적으로 번창해 왔다고 자랑하는 것을 들었다. 그 생각은 이런 것 같았다. '돈에 대해 이야기하지 않고도 잘 지낼 수 있다면, 더욱더 좋을 것이다.'

마지막으로, 청중들이 우리가 개인적으로 혜택을 입고 있기 때문에 그 주제에 대해 이야기하는 데 대한 기득권을 가지고 있다고 이해할지도 모른다고 생각하는 끊이지 않는 신경과민이 있다.

내가 파악하기로는, 그 결과로 오늘날의 성장하는 세대가 헌금에 관해서 도전을 받아 오지 않았다는 것이다. 통계 자료에 의하면 40세 미만의 사람들이 수입 중 2퍼센트만을 헌금하고 있다고 한다. 만일 여러분이 교회에서 성장한 50세가 넘는 사람들에게, "그리스도인은 무엇을 헌금해야 하는가?"라고 묻는다면, 그들은 "십일조요"라고 대답할 것이다. 나는 여러분이 젊은 세대로부터 그런 반응을 얻을 수 있으리라고 생각하지 않는다. 그들은 십일조에 대해서 동의하든 않든 간에, 십일조를 하도록 교육 받지 않았다. 그들 다수에게 있어서 교회에서 헌금하는 것은 입장료를 지불하는 것으로 간주된다. '하키 게임에 가는 데 15달러, 극장에 가는 데는 6달러를 지불한다. 그러므로 이 예배는 내게 10달러의 가치가 있다.' 헌금을 한다는 것이 대중적인 일이 아니기 때문에, 헌금이 신학적 문제이며 기독교 신앙의 주요한 표현이라는 개념이 대부분의 경우 상실되어 왔다.

우리는 우리 회중들의 헌금 사역을 어떻게 회복시킬 수 있을까? 어떻게 우리는 전적으로 신실하면서도 매력 있는 방법으로 돈에 관해서 이야기할 수 있을까? 나는 여러 해 동안 이 문제들과 씨름해 왔다. 여기에 내가 돈이라는 주제를 꺼내는 방법 ─ 그리고 꺼내지 않는 방법 ─ 에 관해서 배운 교훈들이 있다.

## 교묘한 유혹들

첫째로, 나는 헌금에 관한 메시지를 준비할 때마다 교묘한 유혹을 직면하게 된다는 사실을 깨닫게 된다. 여기에 내가 피하려고 애쓰는 네가지 함정이 있다.

**동기를 부여하기 위해서 부지불식 간에 죄책감을 이용한다.** 신약성경이 헌금에 대해 부여하는 동기는 은혜이다. 헌금은 우리를 향한 하나님의 관대하심에 답하는 예배 행위이다. 바울은 이렇게 말하고 있다. "이를 얻은대로"(영어 성경에는 '하나님께서 이를 얻게 하신대로'로 되어 있다—역자주) 헌금하라고 말하고 있다. 만일 하나님께서 우리에게 주신 것을 정말로 이해한다면, 우리의 헌금도 풍성해질 것이다.

그러나 우리는 종종 설교하는 중에 강력하게 의무감에 호소한다. "여러분은 하나님께서 주신 것 때문에 더 많이 헌금해야 합니다. 십일조를 바쳐야 합니다." 또는 우리는 비교를 통해서 죄책감을 부추긴다. "여러분이 사는 집을 보십시오. 모는 차를 보십시오. 입은 옷을 보십시오. 그리고나서 세상의 궁핍한 사람들을 보십시오. 가난하고 빈곤한 사람들을 보십시오." 이러한 대조는 얼마든지 있다. 그러나 주의를 기울이지 않을 경우에 그러한 대조는 감사보다는 죄책감을 불러일으킬 뿐이다. 감사는 헌금을 위한 건전하고도 성경적인 추진력이다.

**헌금하는 자들이 보상을 받으리라는 성경의 약속을 분명하게 정의하지 않는다.** 고린도후서 8장과 9장은 돈에 관해 논의하는 가운데 이렇게 가르치고 있다. "많이 심는 자는 많이 거두느니라." 하나님께서는 관대하게 헌금하는 자들을 축복하신다. 만일 개인적으로 내 아내 보니와 내가 기독교 신앙에 대한 경험적인 증거들을 열거한다고 하면, 하나는 그리스도의 부활이 될 것이고 다른 하나가 이 헌금의 영역일 것이다. 우리는 거듭 되풀이하여 우리가 헌금할 때—고통스럽게—하나님께서 후에 예기치 않은 근원으로부터 우리를 위해 돈을 공급해 주심에 놀라 왔다.

그러나 우리는 그것을 동기부여로 사용하지 않도록 주의해야 한다. 우리는 감히 헌금을 하나님과 거래하는 것으로 변질시켜서는 안된다. 20퍼센트를 돌려받기 위해서 10퍼센트를 헌금하는 것은 복음의 전반적인 윤리와 상반된다. 그런 기회를 갖고 있는 사람이라면 누구나 기쁘게 자기 돈을 두 배로 늘이겠지만, 영적인 원칙은 그런 식으로 작용하지 않는다. 영적인 원칙은 오는 말에 가는 말, 돈주고 돈먹기가 아니다. 사회에서, 여러분은 새 익벽(翼壁)에 여러분의 이름이 새겨질 수 있도록 미술 박물관에 돈을 기부한다. 그러나 하나님의 가족에서, 여러분은 하늘에 계신 여러분의 아버지를 기쁘시게 해야 한다. 문제는 "그것으로부터 무엇을 얻어낼 것인가?"가 아니라 "하나님께서 그것을 통해서 무엇을 얻으실 것인가?"인 것이다.

**모든 것이 하나님께 속한다는 진리를 지나치게 강조한다.** 내가 소유한 모든 것이 하나님께 속한다는 것은 진리이다. 성경이 그렇게 가르치고 있다. 그러나 주의를 기울이지 않을 경우에, 나는 그 신학적인 진술로부터 어떤 철저하게 헌신된 사람으로 하여금 헌금 주머니에 그의 수표 전부를 헌금하게 만들 수 있는 함의(含意)를 끌어낼 수 있다. 자기가 가지고 있는 모든 것을 끊임없이 헌금하는 사람은 결국 굶어 죽게 될 것이다. 그것은 불가능한 윤리가 된다 : 막대기는 언제나 18피이트에 걸려 있는데, 나는 5피이트를 뛰어넘을 수 있을 뿐인 것이다. 우리가 불가능한 꿈에 대해 설교할 때, 사람들은 그것을 진지하게 취급하지 않는다.

**주로 필요할 때 돈에 대해 가르친다.** 나는 어떤 건물들을 세우기 위해 400만 달러의 예산을 세우고 몹시 위태로운 입장에 처한 한 교회를 알고 있다. 그 지도자들은 교회를 저당잡히고 은행들로부터 돈을 빌렸다. 그들은 여전히 삼백만 달러가 부족하다. 그 부족 금액이 매 달 목사의 눈 앞에 닥치고 있다. 그래서 그는 끊임없이 사람들에게 돈에 관해서 이야기한다. 그의 설교는 이런 생각을 넌지시 비추고 있다. "만일 여러분이 하나님께서 여러분에게 원하시는 것처럼 헌금하고 계시다면, 우리에게는 아무 문제도 없을 겁니다." 이런 식의 꾸짖음은 신도석에 앉은 사람들에게 있어서 매 주일마다 수금원을 만나는 것과 같다. 결국 돈에 대한 그런 설교는 비생산적인 것이 된다.

그것이 극단적인 경우일지 모르지만, 그 원칙은 유효하다. 돈을 모금하려고 애쓰고 돈이 필요하기 때문에 돈에 대해 끊임 없이 설교할 때, 사람들은 여러분의 절실함을 인식하게 된다. 신학교 학장인 나는 돈을 요청하는 일의 중요성을 잘 이해하고 있다. 그러나 돈일 필요할 때에만 돈에 대해서 설교하는 것은 교훈을 주기보다는 압박을 가하기 십상이다. 나는 누군가가 설교를 듣고 "그는 내 돈에 관해서 이야기했어. 하지만 그는 그의 긴급한 상황 때문에 돈을 구걸하고 있지는 않았어"라고 말할 수 있을 때 더 많은 것을 성취하게 된다.

### 사람들의 필요와 연결하라

다행하게도, 우리는 이러한 유혹들을 피하고 확신—몇 가지 열쇠가 되는 원칙들을 따를 때 제공되는—을 가지고 앞으로 나아갈 수 있다.

첫번째 원칙은 대화로부터 다음과 같은 근본적인 개념을 얻고 있다 : 청중의 필요를 확인하고 그것에 대해서 이야기하라. 대부분의 설교자들은 시간의 제약을 받지 않는 성경의 진리들을 현세의 필요들과 연결시킴으로써 주일마다 이 일을 한다. 그러나 돈에 대해 설교할 때, 우리는 너무나 자주 이렇게 생각한다. '사람들은 돈에 관해서 실제로 무엇을 듣기를 원할까? 그들은 내가 그들에게 더 많이 헌금해야 한다고 말하기를 원치 않아. 헌금의 필요성은 누구나가 느끼고 있는 필요성이 아냐.'

그러나 헌금은 인간의 두 가지 깊은 필요와 연결되어 있다. 나는 돈에 관해 이야기할 때 이러한 필요들을 강조하려고 애쓴다.

**1. 사람들은 희생할 만한 가치가 있는 것을 가질 필요가 있다.** 나는 무언가를 위해 가치있는 존재가 되기 위해서, 내 인생을 걸 만한 가치가 있는, 나 자신보다 훨씬 더 큰 대의(大義)를 어딘가에서 발견해야 한다. 그리고 그 대의에 대한 헌신을 표현하는 한 가지 방법이 헌금하는 것이

다. 여러분의 돈을 헌금할 때, 여러분은 사실상 여러분 자신을 바치는 것이다.

나는 예수님께서 주일 아침에 교회에 오실 때, 여전히 헌금궤 건너편에 앉으사 우리가 무엇을 넣는가를 보고 계시리라고 생각한다. 우리의 헌신을 재는 척도로서, 우리의 수표책은 우리의 찬송가를 능가한다. 만일 내가 어떤 사람의 수표책을 읽을 수 있다면, 나는 그 또는 그녀가 무엇을 중요하게 여기는지를 알 수 있다.

우리에게는 헌신이 절실하게 필요하다. 그렇지 않을 경우에, 우리는 몰가치 상황(anomie)을 인식하게 된다. 우리의 삶이 무가치함을 인식하게 되는 것이다. 장대 높이뛰기 선수인 봅 리차즈(Bob Richards)가 올림픽에 참여한 운동 선수들에게 이렇게 물었다. "여러분은 고통을 어떻게 다룹니까?" 그들은 결코 "무슨 고통 말입니까?"라고 묻지 않았다. 그들은 승리의 기쁨을 얻기 위해서 모진 고통을 겪었다는 사실을 설명했다.

우리의 삶의 기쁨의 일부는 우리가 희생할 만한 가치가 있는 대의를 발견하고 그것을 위해 철저하게 헌신(헌금)할 때 임하게 되는 것이다.

**2. 사람들은 감사를 표현하는 방법을 필요로 한다.** 누군가가 우리를 도와 줄 때, 우리는 감사를 표현하기를 원한다. 그의 도움이 얼마나 고마왔는지를 말하고자 하는 것이다. 헌금은 하나님의 은혜와 자비에 감사를 표현하는 분명하고도 효과적인 방법이다. 바울은 "하나님께서 이를 주신대로 헌금하라"고 말하고 있다. 문제는 "그 클럽에 머물기 위해 얼마를 기부해야 하는가?", 또는 "회비가 얼마인가?"가 아니라, "어떻게 감사를 표현할 수 있는가?"이다. 헌금은 하나님께 감사하는 더할 나위 없이 적절한 수단인 것이다.

그 두 가지 필요를 염두에 두고 돈에 대해 설교할 때, 그것이 나를 자유케 한다. 나는 더 이상 원치 않는 짐을 사람들에게 지우지 않는다. 그 대신에 나는 사람들에게 그들 자신들을 능가하는 중요한 일에 참여하고,

하나님께 감사를 표현할 수 있는 만족스러운 기회를 제공하게 되는 것이다.

### 장기간의 목표를 보라

둘째로, 만일 내가 누군가에게 돈에 관한 새로운 사고방식을 제공할 수 있다면, 나는 새로운 사람을 세우게 된다. 그것은 설교자인 나의 목표이다. 우리의 돈이 하나님과 어떤 관계가 있는가에 관한 새로운 사고방식을 심어 주는 것 말이다. 내가 이렇게 말할 때가 있다. "이것이 이유입니다. 그리고 이것이 우리에게 필요한 것입니다." 그러나 그것은 단기간의 목표이다. 나의 진정한 목표, 장기간의 목표는 돈에 관한 사람들의 사고방식을 바꾸는 것이다. 그것이 좋은 설교가 하게 될 일인 것이다.

예를 들어, 대부분의 커플들에게 으뜸가는 주요 논제는 돈에 관한 것이다. 그것은 보니와 내게도 마찬가지였다. 뉴욕의 유대인 거주 지역에 사시는 내 부모님들에게 돈은 안전 그 자체였다. 그래서 그 분들은 돈을 저축했다. 반면에 보니의 중산층 부모들은 돈의 목적이 그것을 사용하는 것이라고 생각하셨다. 결혼한 후에, 보니가 삼십 달러짜리 접시 세트를 사고 싶어했다. 그것은 그 당시에 큰 돈이었다. 나는 한 세트의 접시를 위해 그런 돈을 쓴다는 것이 이해가 되지 않았다. 그래서 우리는 접시 사는 문제를 놓고 처음으로 크게 다퉜다. 그 다툼은 서로 다른 사고방식—우리 부모들이 우리를 앉혀 놓고 가르친 원칙들이 아니라 우리가 직관적으로 취했던 감정들과 가치들—때문에 일어났다.

그리스도인의 삶에 많은 갈등이 일어나는 이유는 사람들이 하나님의 사고방식과 다른 사고방식으로 돈에 접근하기 때문이다. 설교자로서의 나의 목표는 그들의 사고방식을 하나님의 사고방식과 일치하게 만드는 것이다.

이 사실을 아는 것은 나와 청중들 모두로부터 압박을 제거해 준다. 나는 그러한 변화가 일어나는 데 많은 시간이 걸리리라는 사실을 알고 있다. 그리고 나는 미친듯이 날뛰는 것이 아니라 과단성 있게 그 문제를 놓고 계속 일할 필요가 있다. 그러나 당장의 압박이 없이는 눈에 띄는 변화는 일어나지 않는다. 인간이란 방어하는 자세가 사라짐과 더불어 시간이 지남에 따라 자기의 견해를 바꾸는 것이다. 회심은 급작스러운 일인 것처럼 보인다. 그러나 그것은 대개가 어떤 과정의 결과이다.

달라스에서 사업가들을 대상으로 성경공부를 가르칠 때, 한 컴퓨터 회사의 경영 최고 책임자가 참석했다. 그 그룹의 그밖의 사람들은 그가 그리스도인이 아님을 알고 있었다. 어느 날 나는 그 사람을 점심 식사에 초대해 이렇게 물었다. "월리(Wally), 당신은 그리스도인입니까?"

"그렇습니다."

나는 그가 **그리스도인**과 **신사**를 혼동했는지도 모른다고 생각했다. 그래서 나는 그에게 "그리스도인이 되었을 때 어떤 일이 일어났습니까?"라고 물었다.

그는 "모르겠는데요"라고 대답했다.

그래서 나는 "그렇다면 왜 당신을 그리스도인이라고 부르십니까?"라고 물었다.

월리는 이렇게 말했다. "당신의 성경공부에 왔을 때, 저는 그리스도인이 아니었습니다. 어느 날 저는 면도를 하고 있었습니다. 거울 속의 자신의 모습을 보면서 저는 이렇게 생각했습니다. **만일 내가 오늘 하나님 앞에 섰는데 그 분이 '내가 너를 나의 천국에 들여보낼 이유가 무엇이냐?'고 물으신다면, 나는 이렇게 말할 것이다. '저는 저의 삶을 예수 그리스도게 걸고 있습니다.'"** 그는 이렇게 말했다. "몇 주일 전이었다면 저는 그렇게 말하지 않았을 것입니다. 하지만 저는 그것이 제가 지금 하나님께 드릴 말씀이라는 사실을 알고 있습니다. 한 달 전인가 두 달 전 언젠가에 그 선을 넘은 것입니다."

마찬가지로, 나는 사람들이 헌금을 드리는 태도를 극적으로 바꾸는 데에는 시간이 걸린다는 사실을 염두에 두고, 돈에 관해 가르칠 때 돌진하기 보다는 거리를 두고 가르칠 필요가 있다.

## 액수가 아니라 태도를 강조하라

내가 따르는 세번째 원칙은 헌금 액수―퍼센트까지도―를 강조하지 않는다는 것이다. 그 대신에 나는 성경적인 관점에서 더 중요한 요소―헌금자의 태도와 희생의 수준―를 강조하려고 애쓴다.

신약성경에 나오는 헌금자 중에서 가장 큰 상을 받은 사람은 적은 돈을 바친 한 여자였다. 그리고 그녀는 부유한 기부자들이 관대하고 후한 헌금을 연보궤에 집어 넣은 날 선발되었다. 그러나 이 여자는 동전 두 렙돈을 연보궤에 집어넣었고, 예수님께서 그녀의 헌금에 대해 트로피를 수여하신 것이다. 랍비의 율법에 따르면, 헌금자는 한 렙돈 만을 바칠 수 없었다. 허용된 가장 적은 헌금 액수는 두 렙돈이었다. 그날 그녀에게 있어서 하나님께 헌금을 드리는 것은 빵 한 조각, 약간의 꿀, 또는 우유보다 훨씬 더 중요한 것이었다. 그것은 예배였다. 예수님께서는 그녀의 헌금을 보시고 깜짝 놀라셨다. 그 분은 제자들에게 이렇게 외치셨다. "그녀를 보라. 그녀는 특별한 사람이다."

나는 하나님께서 십일조를 바치지 않는 많은 가난한 사람들을 존중하신다고 믿는다. 왜냐하면 그들이 바치는 헌금이 그들이 버는 것에 비교할 때 희생적인 액수이기 때문이다. 마찬가지로, 많은 부유한 사람들에게 있어서, 십일조를 바치는 것은 하나님에게서 도적질하는 방법이다. 그들의 십일조는 팁이 되고 있는 것이다.

나는 존 웨슬리의 철칙에 감동을 받았다. 그는 삼십 파운드를 벌었을 때, 이십 팔 파운드를 가지고 생활하고 이 파운드를 헌금했다. 그후 그는 육십 파운드를 벌었다. 그러나 그는 자기가 이십 팔 파운드를 가지고 살 수 있음을 알고 있었다. 그래서 그는 삼십 이 파운드를 헌금했다. 다음 해에 그는 구십 파운드를 벌게 되었다. 그러나 그는 여전히 이십 팔 파운드를 가지고 살고 나머지를 헌금했다.

그러므로 우리가 설교할 때, 열쇠는 금액이나 퍼센트가 아니라 헌금자들이 나타내는 태도나 헌신을 강조하는 데 있다.

### **"투자" 원칙들을 가르치라**

네째로, 나는 우리에게 사람들에게 그들의 돈을 하나님의 나라에 투자하는 방법을 가르칠 책임이 있다고 믿는다. 사람들은 성경이 제공하는 건전한 투자 조언을 필요로 한다. 여기에 내가 가르치는 몇 가지 전략이 있다.

**첫째로 여러분의 의무를 포함시켜라.** 만일 여러분이, "신약성경에 따르면, 나는 무엇을 위해 헌금해야 하는가?"라고 묻는다면 그 답변은 네 가지 영역, 네 가지 동심원을 포함할 것이다.

1. 여러분의 가족을 위해 음식과 거처를 제공하기 위해서이다. 그들을 돌보지 않는 것은 이방인보다 더 나쁜 것이다.

2. 여러분에게 하나님의 말씀을 가르치는 사람들을 부양하기 위해서이다.

3. 교회 내의 가난한 사람들을 돕기 위해서이다.

4. 기회가 닿는대로 모든 사람들에게 선을 베풀기 위해서이다.

**사려 깊고 준비한 마음으로 헌금하라.** 우리는 헌금할 돈을 "주 중 첫날에 준비"해 두어야 하기 때문에, 교회에 가서 '아! 헌금!'이라고 생각하고 지갑에서 오 달러 짜리를 꺼내 헌금 주머니에 던져 넣는 것은 무책임한 일이다.

사람들은 자기 교회의 사역들과 그밖의 기독교 사역들을 사려 깊게 고려해야 한다. 지도자들이 정직함을 보여 주고 있는가? 지도자들이 그 조직이 그들의 돈을 어떻게 사용해 왔는지를 보여 주는 재무 제표(a financial statement)를 발행하고 있는가? 그들의 돈이 영적인 이익 배당을 산출하고 있는가? 우리 그리스도인들은 우리 교회의 대의를 초월하는 문제들을 위해 헌금할 때, 고아 성가대가 마음을 감동시켰다는 단순한 이유로 헌금을 해서는 안된다. 우리는 우리가 지원하는 사역들을 사려 깊게 가늠해 보아야 하는 것이다.

**이익 배당을 산출할 건전한 사역들에 투자하라.** 바울이 빌립보 교회에 보낸 편지는 사실상 감사를 표현하는 편지이다. 그는 빌립보 교인들이 얼마 전에 바친 헌금에 감사를 표하기 위해 그 편지를 썼다. 그는 이 편지에서 돈을 하나님의 사역에 투자하는 것으로 보고 있다. "내가 선물을 구함이 아니요 오직 너희에게 유익하도록 과실이 번성하기를 구하노라" (4 : 17). 그 구절을 기민하게 불의한 재물로 친구를 사귀는 데 초점이 있는 불의한 청지기 비유와 연결시킬 때, 여러분은 다음과 같은 사실을 발견하게 된다 : 여러분을 천국으로 영접할 친구를 사귀는 한 가지 길은 다른 사람들의 사역에 투자하는 것이다.

나는 보니와 내가 천국에 갈 때, 우리가 케냐 출신의 사람들에게 영접을 받을 것이라고 믿는다. 우리는 그 나라를 방문한 적이 한 번도 없으며 그 문화에 관해서도 아무 것도 모른다. 그렇다면 그 이유가 무엇일까? 우리가 여러 해 동안 그곳에서 생산적인 사역을 감당해 온 한 커플을 보조해 왔기 때문이다. 우리는 그 사역의 주주가 되었다. 그리고 어느 날 우리는 우리 주식을 되찾게 될 것이다.

그것이 물의를 빚어 온 특정한 사역들에 투자하는 데 따르는 문제 중 하나이다. 그 사역들이 영적으로 말해서 실패했다 하자. 영적인 이익 배당을 산출해내는 데 실패했다 하자. 만일 우리가 그러한 사역들에 돈을 투자했다면, 우리는 주가 폭락이 투자가에게 입히는 것과 같은 피해를 입었을 것이다.

**여러분의 천국 유가 증권 명세서(kingdom portpfolio)를 다양화하라.** 신중한 투자가는 가진 돈 중 일부는 증권에, 일부는 금융 시장에, 또 다른 일부는 고도의 모험이 따르는 사업에 투자할 것이다. 그러나 그는 최대의 효과를 위해서 투자를 다양화할 것이다.

마찬가지로, 나는 그리스도인들이 천국의 유가 증권 명세서를 갖는 것이 현명하다고 생각한다. 첫째로, 우리는 우리 지역 교회에 헌금해야 한다. 그것은 기본적인 의무이다. 그곳에서 우리가 섬김을 받고 우리에게 하나님의 말씀을 가르치는 사람들을 지원하기 때문이다. 그러나 그리고 나서 나는 숙련된 전도자나 전도 그룹을 위해 헌금한다. 보니와 나는 한 흑인 전도 단체를 위해 헌금하고 있다. 그 단체는 미국 전역의 흑인 공동체들 내에서 활발히 사역하고 있다.

다음으로 나는 우리 사회에 영향을 끼치는 그룹들을 지원하고 싶다. 그리스도인인 나는 내가 육체적으로 있을 수 없는 곳을 돕는 일에 참여하고 싶다. 나는 대부분의 가치 있는 대의들에 직접 참여할 수는 없다. 그러나 나는 "나는 여러분의 편입니다"라고 말하는 한 가지 방법으로 그들 중 일부를 재정적으로 지원할 수 있다. 예를 들어, 보니와 나는 학대당하는 여자들을 섬기는 그룹들과 대학생들을 대상으로 하는 사역들을 위해 헌금해 왔다.

나는 자기 이익만 차리는 것처럼 들리기를 원치 않지만 장기간의 투자로 신학교에 투자하는 것이 현명한 일이라고 생각한다. 한 무리의 학생들이 성숙하는 데에는 여러 해가 걸린다. 그러나 오늘 여러분이 섬기고 있는 학생들은 결국 선교사, 목사, 교사가 되어 많은 사람들에게 손길을 뻗치게 될 것이다.

나는 많은 목사들이 "창고" 개념, 즉 십일조가 교회에 속한다는 개념을 가르치고 있음을 인정한다 . 어떤 면에서, 폭넓고 다양한 사역 프로그램을 가지고 있는 좋은 교회는 오픈 투자 신탁(mutual fund)이 될 수 있다. 그 신탁에 투자하는 사람들이 많기 때문에, 그 교회는 한 사람의 힘으로는 할 수 없는 일을 할 수 있다. 또한 그 교회는 그렇지 않을 경우 알 수 없었을지도 모르는 유효한 사역에 돈을 투자하고 있다. 많은 사람들은 교회의 지도자들이 천국을 위한 투자를 관리하고 있다고 신뢰하고 있다. 그러나 원칙은 한결 같다 : 그들은 그들의 지도자들이 효과적이고도 다양한 헌금 프로그램을 감독하도록 해야 한다.

## 효과적으로 설명하라

돈에 관해 설교하는 사람에게 특히 곤란한 두 가지 영역을 논함으로써 마치고자 한다. 그것은 (1) 예화와 (2) 적용이다.

최근에 누군가가 내게 이렇게 말했다. "해돈, 일어서서 돈에 관해서 이야기하는 것에 관해 생각할 때, 예화들에 대한 생각이 나를 두렵게 만든답니다. 부자 헌금자에 관해 이야기할 경우에, 나는 사람들의 마음을 잃게 될 겁니다. 방글라데쉬의 극빈자에 관해서 이야기할 경우에도, 그들의 마음을 잃게 될 겁니다. 나에 관해서 이야기 할 경우에도, 그들의 마음을 잃기는 마찬가지일 겁니다. 그들이 '글쎄요 당신은 설교자지요. 그렇니 그렇게 말할 수 밖에 없겠지요'라고 말하기 때문입니다. 헌금에 대한 확실하고도 현실적인 예화를 어디서 얻을 수 있을까요?

그것은 미묘한 문제이다. 그러나 내가 예화를 찾기 위해 채굴하는 첫 번째 영역, 주맥(主脈)은 성경 자체이다. 예수님의 38가지 비유 중에서 최소한 열두 가지가 돈과 재물의 사용에 관한 것이다. 복음은 돈에 관해서 엄청난 양의 이야기를 하고 있다. 여덟 절 마다 한 절 정도가 그 주제를 다루고 있는 것이다. 언급했다시피, 재정적인 후원에 감사를 표하는 편지인 빌립보서는 우리에게 많은 것을 가르쳐 준다. 우리는 이러한 자원들로부터 통찰들뿐 아니라 효과적인 예화들을 끌어낼 수 있는 것이다.

둘째로, 나는 헌금에 대한 체험을 사람들과 함께 나눈다. 나는 내가 기꺼이 하지 않을 일을 사람들에게 요구하기를 원치 않는다는 사실을 사람들이 알아주기를 바란다. 그러나 나는 나의 "천국에 대한 투자"에 대해 설명했던 것처럼, 폭넓은 방식으로 나의 헌금에 대해 이야기한다.

세째로, 나는 친구들이나 사회의 정세로부터 얻은 이야기들로부터 예화를 끌어낸다. 하지만 나는 이 이야기들 중에서 어떤 것을 선택해야 할까? 나는 예화를 할 때마다, "감춰진 메시지가 무엇입니까? 이 말씀이 실제로 전달하는 바가 무엇입니까?"라고 묻는다. 여기에 예화가 전달하기를 바라는 몇 가지 메시지가 있다.

**후한 사람들은 매력적이다.** 하나님께서는 후히 내는 자를 사랑하신다. 그것은 이해하기가 어렵지 않다. 우리도 마찬가지이기 때문이다. 후히 낸다는 것은 우리 영혼에 유익하다. 나는 예화가 사실상 이렇게 묻기를 원한다. "여러분은 어떤 말이 여러분에게 해당되기를 바라십니까 인색하다는 말입니까 아니면 후하다는 말입니까?"

**헌금은 다른 사람들의 삶 가운데 놀라운 일이 일어나게 해 준다.** 나는 예화들이 사람들의 삶 가운데 어떻게 헌금의 결과가 나타나는가를 보여 주기를 원한다. 그것이 우리가 선교 회의에서 행하는 일이다. 선교사들은 우리 헌금이 사람들에게 끼친 영향에 대해서 보고한다. 예를 들어, 바울은 빌립보 교인들에게 이렇게 말할 수 있었다. "여러분의 헌금이 나로 하여금 사역을 감당할 수 있게 해 주었습니다. 내가 여기 있는 동안 로마 간수에게 복음이 전달되었습니다."

**헌금은 우리에게 혜택을 준다. 그러나 그 혜택이 언제나 물질적인 것만은 아니다.** 10달러를 내고 50달러를 받은 사람의 예화가 안고 있는 위험은 그것이 "받기 위해 헌금한다"는 동기를 부여할 수 있기 때문이다. 그러나 우리는 헌금으로 부터 얻을 수 있는 풍요롭고도 비물질적인 축복들을 보여 줄 수 있다. 예를 들어, 우리는 자녀들을 사랑하기 때문에 그들이 좋은 교육을 받도록 애썼다. 우리는 그렇게 하기 위해서 집—어떤 것이든지—을 기꺼이 희생했으며, 보답으로 아무 것도 바라지 않았다. 그러나 그 교육이 우리 자녀들의 삶과 그들이 접촉하는 사람들의 삶 가운데 맺어 온 열매를 바라 보는 것은 나와 보니에게 커다란 기쁨을 안겨 주었다.

**하나님께서는 우리가 가능하다고 생각했던 것보다 더 많은 헌금을 할 수 있게 해 주실 수 있다.** 내가 일리노이주 어바나(Urbana, Illinois)의 트윈 시티 성경 교회(Twin City Bible Church)의 당회장으로 있을 때, 그 교회가 땅을 사서 일리노이 대학교 옆에 건물을 세우도록 결정했다. 그곳이 우리가 가장 큰 영향을 끼칠 수 있는 곳이라고 믿었기 때문이었다. 그러나 그것은 정말로 값비싼 결정이었으며, 그 교회는 사실상 무리를 해야 했다. 돌아다니면서 사람들과 이 헌신적인 사업에 관해서 대화를 나누었을 때, 나는 너무나 많은 사람들이 이런 식으로 말하는 것을 듣고 깜짝 놀랐다. "저는 킴벌리 클라크 회사(Kimberly-Clark)에 다니는데 이번에 승진해서 월급이 거의 두배로 늘었어요." 나는 이렇게 묻고 싶었다. "그것이 우연한 일이었습니까? 아니면 하나님께서 이 교회를 위한 당신의 사역을 감당할 수 있도록 도우신겁니까?" 하나님의 사람들은 종종 헌금하기로 결정했을 때, 하나님께서 그들에게 그 헌금을 할 수 있도록 도우셨다고 간증한다. 나는 사람들에게 헌금을 할 수 있도록 해 주시는 하나님의 공급하심을 보여 주는 예화를 하는 것이 타당하다고 생각한다.

## 지속적인 적용

돈이 필요하지 않을 때 돈에 대해 설교하는 것이 가장 현명한 일이기는 하지만, 돈이 필요할 때가 종종 있다. 그리고 돈을 요구하는 일은 대개 설교자들에게 떠맡겨진다. 여러분은 어떻게 그 필요를 제시하는가? 무엇을 요구하는가?

아마도 여러분은 내가 배운 몇 가지 교훈을 필요로 하게 될 것이다.

**담대하게 요청하라.** 만일 교회에 돈이 필요하다면, 분명한 것은 어느 시점에 내가 그 문제에 관해 이야기하고 돈을 요청해야 한다는 것이다. 그럴 경우에 나는 담대하게 요청할 필요가 있다. 그렇게 하지 않을 경우에, 나는 사람들에게 복음을 제시하기는 하지만 그리스도에게 헌신할 것을 요청하지는 않는 전도자처럼 될 것이다.

나는 이 교훈을 배우기 위해서 많은 수업료를 지불해야 했다. 내가 덴버 신학교에 갔을 때, 그 학교에는 혼선이 되기가 일쑤인 전화 시스템이 있었다. 우리에게는 새로운 시스템이 절실히 필요했다. 그래서 나는 한 사업가를 방문해서 그에게 새로운 전화 시스템을 설치하기 위해서 이천 불을 모금해야 한다고 말했다. 우리는 그 문제에 대해서 대화를 나누었다. 그리고나서 그가 이렇게 물었다. "제가 얼마나 기부하기를 바라십니까?"

나는 "글쎄요, 천 불 정도 기부해 주시겠습니까?"라고 말했다.

그는 수표책을 꺼내 천 달러짜리 수표를 적은 다음에 책상 너머로 밀어 건네며 "당신은 저를 모독했습니다"라고 말했다.

나는 이렇게 생각했다. '내가 무례했구나. 그에게 돈을 요청하지 말았어야 했는데.'

그러나 그는 이렇게 말했다. "당신은 제게 천 불을 요청했습니다. 하지만 당신에게는 이천 달러가 필요했습니다. 제가 그만한 돈을 기부할 수 없다고 생각하셨는지도 모르겠습니다. 그렇다면 당신은 저의 재정적인 능력을 과소평가하신 겁니다. 아니면 제가 돈이 있음에도 불구하고 그 이상 기부하지 않으리라고 생각하셨는지도 모릅니다. 그렇다면 당신은 저의 관대함을 모독하신 겁니다. 당신은 어떤 사람이 그 대의의 가치를 인정할 경우에, 그에게 큰 일을 하도록 요구함으로써 그를 모독하는 일이 결코 있을 수 없다는 사실을 아실 필요가 있습니다. 만일 그가 그 큰 일을 할 수 없을 경우에, 그는 돌아 와서 자기가 기부할 수 있는 금액을 당신에게 이야기해 줄 겁니다. 하지만 당신은 더 많은 것이 아니라 더 적은 것을 요구할 경우에 항상 스스로 피해를 보시게 되고 그 사람을 모독하시게 되는 겁니다."

내가 그에 관해서 고맙게 생각하는 것은 그가 "그 수표를 돌려 주세요. 다시 수표를 끊어드리겠습니다"라고 말하지 않았다는 것이다. 그 교훈을 배우는 데에는 돈이 들었던 것이다.

**여러분이 믿고 있는 대의에 초점을 맞추라.** 때때로 나는 덴버 신학교를 대표해서 이야기한다. 나는 사람들에게 기부금을 요청할 때 전혀 당황하지 않는다. 그 대의를 믿기 때문에 그것을 사람들을 위한 엄청난 기회로 간주하기 때문이다.

솔직히 말해서, 만일 내가 나 자신을 위하여 기금을 마련했다면 나는 어려움을 겪었을 것이다. 그러나 예수 그리스도의 교회보다 더 중요한 대의가 어디 있겠는가? 우리 설교자들은 그 대의에 헌신했다. 그러므로 다른 사람들에게 그 대의를 지원하는 일에 우리와 동참하라고 요청하는 것은 사리에 닿는 일인 것이다.

**길을 인도하라.** 헌금에 관해 설교할 때마다 나 자신이 후하게 헌금하는 것이 좋다. 그렇지 않고서야 어떻게 다른 사람들에게 헌금을 요청할 수 있겠는가? 덴버 신학교에 있을 때, 우리는 이사들로 하여금 다른 사람들에게 기부를 요청하게 했다. 우리는 이 이사들이 첫번째로 해야 할 일이 상당한 액수의 헌금을 하는 것이라는 사실을 알고 있다. 그렇지 않을 경우에, 그들은 책상 건너편에 앉아서 다른 사람들에게 희생을 요구할 수 없을 것이다.

**헌금이 협력 사역임을 강조하라.** 회중들은 종종 선교 프로그램을 선교 위원회가 모이는 것으로, 건축 계획을 장로들이 모이는 것으로 간주한다. 그것이 교회가 헌금을 결정할 때 폭넓은 그룹의 사람들이 참여하는 것이 중요한 이유이다. 그런 다음에 여러분은 정직하게 이렇게 말할 수 있다. "우리는 이 일에 헌신했습니다. 그러므로 이제 우리가 헌신한 일을 지원할 필요가 있습니다."

**비그리스도인들과 방문자들에게 헌금하지 않을 자유를 주라.** 교회 예산이나 계획은 교회 가족 전체를 위한 것이다. 그 가족만을 위한 것인 것이다. 나는 교회 지도자들이 이렇게 말하는 것이 중요하다고 생각한다. "만일 여러분이 여전히 믿음에 이르는 도상에 있으시다면, 자유롭게 헌금 접시를 옆 사람에게 건네 주십시오. 헌금은 성찬과 마찬가지로 하나님께 헌신한 사람들을 위한 것입니다. 하나님은 여러분을 위한 선물, 즉 영생을 소유하고 계십니다. 우리는 여러분이 하나님께서 여러분으로부터 기금을 모금하고 계신다고 생각하시기를 바라지 않습니다. 여러분은 이 자리에 계심으로 우리를 존중하고 계십니다." 나는 이상한 일이지만,

그렇게 말할 때 사람들이 그 말의 의미를 알게 된다는 사실을 발견해 왔다. 그 말을 들은 그리스도인들은 더 후하게 헌금하고 비그리스도인들은 하나님께서 그들에게 거저 주시는 선물에 감동을 받게 되는것이다.

### 돈＝헌신

설교자들이 돈이라는 어려운 주제를 계속 제기해야 하는 이유가 무엇일까? 왜 우리는 그것이 오해받을 수 있음을 알 때, 사람들에게 헌금하도록 가르치는가?

우리가 돈에 관해 논할 때 헌신에 관해서 이야기하고 있는 것이기 때문에, 헌신이 우리의 영역이 된다. 어떤 사람이 돈을 뒤로 감추는 한 헌신은 값싼 말에 불과하다. 우리는 사람들이 예수 그리스도에 관해서 진지하기를 바란다. 우리는 사람들이 만일 예수 그리스도에 관해 진지하다면, 그들이 그 사실을 헌금을 통해서 보여 주리라는 것을 알고 있다.

내가 전적인 헌신에 관해서 이야기할 때, 사람들은 내가 화성에서 왔
다고 생각한다.

―빌 하이벨스

# 제 9 장
## 능력 : 전적인 헌신에 대해 설교하는 법

최근 한 남자가 내가 여러 해 동안 가르친 "어려운 주제들"―지옥,
돈, 섹스, 대인 관계, 절제―에 대한 의견을 밝혔다. 그는 이렇게 말했
다. "목사님이 설교한 모든 주제 중에서 가장 이해시키기 어려웠던 주제
가 무엇입니까?"

나는 그 주제에 관해서 생각할 필요조차 없었다. 그 주제는 "그리스도
께 전적으로 헌신하게 되는 것"이다. 내가 가장 강하게 도전하고자 하는
가르침은 바울이 사도행전 20 : 24과 다른 여러 곳에서 의도하고 있었던
바를 전달하는 것이었다. "나의 달려갈 길과 주 예수께 받은 사명 곧 하

나님의 은혜의 복음 증거하는 일을 마치려 함에는 나의 생명을 조금도 귀한 것으로 여기지 아니하노라.” 세속적인 생각을 가지고 있는 사람들에게 그것을 가르칠 때, 그들은 내가 화성에서 왔다고 생각한다. 다른 누군가의 뜻에 따라 산다는 생각이 우스꽝스러운 것이다.

많은 사람들에게, 그리스도를 위해 산다는 것은 그렇게 하지 않고도 얼마든지 살 수 있는 일종의 광신이다. 그들은 이렇게 의아히 여긴다. ‘자발적으로 손해를 감수하고, 쾌락을 멀리하고, 안락한 삶을 침해당할 만큼 어리석은 사람이 어디 있겠는가?’

우리 교회의 한 남자가 완벽한 예를 제공해 준다. 내가 파악하기로는, 그의 가장 큰 문제는 그의 성공적인 사업이다. 그가 손님을 기대하지 않는 사업에 종사하는 사람들조차 그의 도움을 받기 위해 줄을 서 있는 것이다. 나는 몇 달 전에 하나님의 일들을 향해 이전처럼 마음이 뜨겁지 않은 이유가 무엇이냐고 그에게 물었다.

그는 “사업이 제 삶을 지배하고 있습니다”라고 인정하면서도, “하지만 저는 그것을 추구하고 있지는 않습니다. 저는 다만 닥치는 일을 처리하려고 애쓸 뿐입니다. 제 말은, 제가 어떻게 하기를 기대하시느냐는 겁니다”라고 자신을 변호하는 말을 덧붙였다.

나는 그에게 “이제 그만”이라고 말할 수 있지 않느냐고 제안했다. 그는 마치 내가 제 정신이 아니기나 한 것처럼 바라 보았다. 더 큰 이익을 가져다 줄 주문을 하는 고객에게 제 정신으로 싫다고 말할 사업가가 어디 있겠는가? 여러분은 이 세상에서 그렇게 하지 않는다. 언제든지 많으면 많을수록 좋은 법이다 : 그것이 미국식이다. 더 많이 갖고자 하는 욕구는 그리스도를 따르고, 자기의 영적 은사들을 사용하며, 아내에게 봉사하고, 자녀들에게 아버지 노릇을 하는 데 대한 욕구보다 더 이 사람을 강하게 몰아붙이고 있는 것이다.

그리스도께 철저하게 헌신하도록 사람들에게 권유하는 것이 그렇게도 어려운 일이라면, 무엇 때문에 걱정하는가? 왜 신경을 쓰는가? 왜 교회

출석이나 교회 등록 또는 최소한 정기적인 예배에 만족하지 않는가?

우리 목사들은 우리가 산출하고 있는 열매의 질을 파악해야 한다. 우리는 우리가 인도하고 있는 사람들로부터 어떤 수준의 헌신을 기대할 것인가를 결정해야 한다.

교회사는 우리에게 한 지도자가 교회를 가득 채운 두 마음을 품은 사람들보다는 전적으로 헌신한 소수의 신자들을 통해서 훨씬 더 많은 일을 할 수 있음을 가르쳐 왔다. 따라서 우리는 다음과 같은 문제를 안고 있다 : 어떻게 우리는 대부분의 사람들이 철저한 제자도에 관해 듣기를 원하지 않는다는 사실을 아는 이 때에, 예수 그리스도께 전적으로 헌신하는 제자들을 산출하는 방법으로 사람들을 가르칠 수 있는가? 내가 100퍼센트의 헌신에 대해 설교할 때 지침이 되는 다섯 가지 원칙을 제시하고자 한다.

## 전적인 헌신을 묘사하라

첫번째 단계는 전적인 헌신을 분명하게 이해시키는 것이다. 교사는 끊임없이 정의하고 또 정의해야 한다 : 그리스도께 헌신한다는 것이 무엇을 의미하는가? 만일 그것이 단지 예배 시간에 모습을 나타내고, 헌금을 내고, 집에 가는 것을 의미하지 않는다면, 그것이 의미하는 바가 무엇인가?

몇 가지 성경 구절이 나를 위해 전적인 헌신을 정의해 주고 그 주제에 관한 나의 설교를 형성해 주고 있다.

바울의 고린도전서 15 : 31 말씀 : "나는 날마다 죽노라." 나는 그리스도께 완전히 헌신한 제자 중에서 자기를 지배할 가능성이 있는 일련의 요소―개인적인 야심, 세속적인 쾌락, 사람들의 갈채, 탐욕―에 대해 날마다 죽을 필요가 없는 사람을 결코 만난 적이 없다.

이 문화는 "당신은 모든 것을 가질 수 있다"라고 큰 목소리로 주장한다. 하지만 그 슬로건은 그리스도의 생각과 교훈에는 생소한 것이다. 시외 교회의 부유한 회중 가운데 서서 사람들에게 그들이 죽거나, 멀리하거나, 포기해야 하는 것이 무엇인지를 이야기하기란 어려운 일이다. 하지만 나는 그렇게 해야 한다.

예수님께서는 누가복음 10 : 27에서 이렇게 명령하고 계신다. "네 마음을 다하며 목숨을 다하며 힘을 다하며 뜻을 다하여 주 너희 하나님을 사랑하고." 이 말씀은 우리가 하나님의 말씀에 순종하고, 하나님의 임재를 항상 인식하며 살 수 있는 방법으로 우리의 삶을 규제할 필요가 있음을 의미한다.

요한은 이렇게 질문하고 있다. "보는 바 그 형제를 사랑치 아니하는 자가 보지 못하는 바 하나님을 사랑할 수가 없느니라"(요일 4 : 20). 우리는 증오가 일상의 과정이며, 너무도 자주 그런 태도가 교회 안에 넘치고 있는 시대에 살고 있다. 그러나 성경은 예수 그리스도께 대한 전적인 헌신이 우리 형제들과 화평하게 지내는 것을 포함한다는 사실을 분명히 하고 있다. 진정한 그리스도인들, 특히 지도자들은 마태복음 5 : 23~24을 보다 진지하게 취급할 필요가 있다. 우리는 인간 관계 내의 정직함을 우선 순위로 삼고 문제가 발생할 때마다 적극적으로 화목을 추구할 필요가 있다. 그것이 사역의 선행 조건이 되어야 하는 것이다.

예수님께서는 시간, 달란트, 그리고 보화들의 사용에 대해 끊임 없이 가르치고 계신다. 한 사람이 삼십 년 동안 자신의 시간과 재능 전부를 시장에서 보낸 후에 갑자기 자기 삶을 주님께 헌신한다는 것은 힘든 일이다. 다음과 같은 구절들에 귀를 기울이기가 힘든 것이다. "너희는 먼저 그의 나라를 구하라." "항상 주의 일에 더욱 힘쓰는 자들이 되라." "위엣 것을 찾으라." "사람이 만일 온 천하를 얻고도 제 목숨을 잃으면 무엇이 유익하리요?"

개인적인 영적 훈련—성경 연구, 일기 쓰기, 기도, 금식, 묵상—을 발전시키는 데에는 시간이 걸린다. 또한 실제적인 봉사를 통해서 하나님의 나라를 확장시키는 데에도 시간이 걸린다. 그러나 그러한 시간의 헌신은 그리스도께 대한 우리의 헌신의 정도를 측정하는 좋은 방법이다.

우리 교회의 한 의료인이 나머지 삼 일을 평신도 지도자 역할을 감당하고 가족과 함께 시간을 가질 수 있도록 일주일에 나흘만 일하리라고 결심했다. 그가 포기해 온 근무 시간은 그에게 매 주 상당한 손실을 안겨 주고 있다. 그러나 그는 그리스도께서 그의 직업을 떠나서 행하도록 부르신 일을 위해 살 수 있도록 그 손해에 대해서 죽기로 결심했다. 이미 그는 곤궁에 처한 사람들을 돕는 데 자신의 기술을 사용해 왔었다. 그러나 그는 이제 이에 덧붙여 자신의 행정과 지도력의 은사들을 교회 내에서 뜻있게 사용하고 있다. 그는 하나님의 손에 자신의 시간과 재능과 보화를 맡기고 있는 것이다.

## 모범을 보이라

전적인 헌신에 대해 설교함에 있어서의 두번째 단계는 첫번째 단계보다 더 어렵다. 그 단계는 우리 스스로 그런 삶을 사는 것이다. 나는 우리가 스스로 그런 삶을 살려고 애쓰지 않는 한, 회중을 전적인 헌신으로 인도할 수 없다고 생각한다.

모든 목사들은 전적인 헌신에 있어서 컨디션이 나쁜 경우를 이따금씩 체험해 왔다. 그것은 운동 선수에게 "당신은 언제나 좋은 컨디션을 유지해 오셨습니까?"라고 묻는 것과 같다.

그 답변은 불가피하게, "항상 그렇지는 않지요"라는 것이다.

"그렇지 않을 때 어떻게 느낍니까?"라고 물을 때, 그들은 "게을러지고, 기분이 나쁘고, 이래서는 안된다고 느끼지요"라고 대답한다.

최근에 나는 다음과 같은 질문을 받은 한 최고 지도자에 관한 기사를 읽었다. "당신의 조직을 지도함에 있어서의 주된 목표가 무엇입니까?"

그는 이렇게 대답했다. "컨디션을 조절하는 것입니다." 그 말이 나를 매혹시켰다. 바로 그것이 나 자신의 삶 가운데 행하려고 애쓰는 일이기 때문이다. 나는 나 자신을 보면서 이렇게 말한다. 손실을 입고 있는 곳이 어디인가? 컨디션을 잃고 있는 곳이 어디인가? 게을러지고 있는 곳이 어디인가? 나는 다른 사람들의 영적 상태에 주의를 기울이기 전에 나 자신을 검토한다.

나를 가장 크게 좌절시키는 것 중 하나는 언제나 전적으로 헌신할 수 있도록 삶을 관리할 수 없다는 것이다. 그러나 만일 내가 기꺼이 나 자신에 관한 사실을 듣는다면, 성령께서 부주의하고 일관성이 없는 영역들을 지적해 주실 것이다. 그렇게 되면 나는 회개하고 상당히 이른 단계에 컨디션을 조절할 수 있다.

전적인 헌신의 모범을 보이려고 애씀에 덧붙여서, 우리는 전적으로 헌신한 제자들인 교회 지도자들을 필요로 한다. 그들은 기준을 향상시킬 수 있는 사람들이다. 어젯 밤 나는 장로 모임에서 탁자 주위에 앉아 있는 장로들을 둘러 보며 이렇게 생각했다. '이 교회의 모든 장로들은 예수 그리스도께 헌신되어 있어서 지금 당장이라도 그 분을 위해서 목숨을 바칠 거야.' 그것은 내가 전적인 헌신에 관해서 설교할 때, 그들이 가장 먼저 이런 말로 나를 격려해 줄 사람들임을 의미한다. "더 작은 것에 만족하지 마세요, 우리는 100퍼센트 목사님 편입니다." 장로들과 그밖의 핵심적인 지도자들이 동의하지 않는다면, 더 깊은 제자도를 강력하게 요청하는 것이 매우 어려운 일이 될 것이다.

나를 흥분시키는 것은 목사와 평신도 지도자들이 더 철저하게 헌신하면 할수록 회중들도 더 헌신하게 된다는 것이다. 또한 회중의 성장은 더 깊은 헌신을 할 수 있도록 지도자들을 격려해 준다. 그리고 그것은 계속적인 성장 순환을 촉진한다. 전적인 제자도가 만연되고 기분을 돋우어 주는 것이다.

우리 교회에는 수요일에만 쉬는 사람이 있다. 그는 그 날 아침에 와서 우리 교회 분수를 청소한다. 또 한 사람은 쉬는 날 와서 청소기를 가지고 교회를 청소한다. 그밖의 자원자들도 교회 정원의 잡초를 뽑고 꽃밭을 가꾼다. 나는 최근에 화단을 손질하는 한 젊은 어머니를 보았다. 그녀가 카세트 라디오를 들으면서 꽃 주위의 땅을 파고 있는 동안 아기는 유모차에 앉아 있었다. 나는 그런 봉사를 통해서 나타나는 제자도를 볼 때 스스로 더 헌신 된 종이 되리라는 동기를 부여 받게 된다.

### 모든 각도에서 설교하라

세번째 단계는 가능한 한 많은 각도에서 전적 헌신에 대해 설교하는 것이다. 여기에 내가 의미하는 바가 있다.

**자연스럽게 헌신에 대한 부름으로 인도하는 시리즈를 선택하라.** 어떤 면에서 내가 하는 모든 설교는 결혼에 관한 것이든, 인격 개발에 관한 것이든, 아니면 무엇에 관한 것이든, 헌신의 어떤 측면을 규정짓는다. 더욱이 나는 헌신으로의 부르심이, 공공연히 제시될 때 가장 잘 제시된다고 믿는다. 어떤 시리즈들은 다른 시리즈들처럼 자연스럽게 그 부르심을 제시하지 못한다.

예를 들어, 나는 인간 관계상의 정직을 다루는 시리즈 설교를 했다. 그것은 유익한 시리즈였다. 그러나 그것은 사람들을 예수 그리스도께 대한 더 깊은 헌신으로 부를 수 있는 좋은 기회를 제공하지 못했다. 그렇게 하는 것은 다른 어떤 것을 기대하고 온 사람들에게는 약간 속임수나 후림수(a bait and switch) 같은 것이 되었을 것이다. 만일 내가 정직하기를 원한다면, 나는 어떤 주제들을 다룰 때, 주제를 고수하고 제자도에 관해서 이야기할 수 있는 또 다른 시간을 기다릴 필요가 있는 것이다.

그러나 그밖의 주제들은 100퍼센트 헌신으로 자연스럽게 인도한다. 얼마 전에 나는 "기독교의 대안들"이라는 제목의 시리즈 설교를 했다. 나는 그 시리즈에서 뉴 에이지 운동, 여호와의 증인, 힌두교, 이슬람교, 그리고 불교를 다루고, 기독교를 그것들과 대조했다. 이러한 신념 체계들을 정직하게 비교하고나서, 나는 그 시리즈를 이런 말로 끝맺었다. "이 모든 사실을 들으신 여러분은 기독교의 메시지가 정말로 감탄하지 않을 수 없는 것이라는 사실에 동의하지 않으십니까? 그것을 다른 신념 체계와 비교할 때 그것이 더 뛰어난 길임이 입증되지 않습니까? 만일 이 시리즈가 기독교가 그 진리들, 예수 그리스도의 인격, 그리고 그것이 개개인의 삶 가운데 일으키는 바에 있어서 감탄하지 않을 수 없는 것임을 입증했다면, 만일 기독교가 분명한 승자라면, 마음과 영혼과 생각과 힘을 다해 기독교를 받아들이십시오. 망설이지 마십시오."

그 시리즈는 자연스럽게 헌신으로의 부르심으로 인도했으며, 나는 그 부르심을 제시하기를 주저하지 않았다. 나는 설교를 계획할 때, 내가 선택하는 시리즈들이 그리스도인의 철저한 헌신에 대한 메시지로 인도하는지―교묘히 조작하지 않고―의 여부를 감시한다.

**헌신적인 예배를 구원을 얻기 위한 수단이 아니라 하나님께서 우리를 위해 행하신 바에 대한 즐거운 반응으로 제시하라.** 우리 목사들은 우리 신도들이 제자도가 공로를 얻는 수단이 아니라 하나님께 감사하는 수단임을 분명히 깨닫게 해야 한다.

나는 헌신을 요청하기를 멈추고 종종 이렇게 말하곤 한다. "만일 여러분이 하나님의 가족 밖에 있으시다면, 제자도가 하나님의 놀라운 은혜에 대한 반응이라는 사실을 이해해 주십시오. 헌신은 하나님 앞에서 여러분의 신분을 개선하려고 시도하는 것이 아닙니다. 바울은 여러분이 자기 몸을 불사르게 내어 줄 수 있지만, 제자도를 통해서 여러분 자신을 구원할 수는 없다고 말하고 있습니다. 헌신은 천국에 들어갈 자격을 얻는 수단이 아니라 감사를 표현하는 수단인 것입니다."

**전적인 헌신의 대안들을 설명하라.** 세속적인 마음을 가진 사람들에게 예수 그리스도를 따르는 헌신적인 제자가 되도록 도전할 때, 나는 정반대의 시나리오를 다루는 것이 유익하다는 사실을 발견하게 된다.

예를 들어, "드물고도 훌륭한 미덕들"이라는 제목의 시리즈 설교에서, 그 마지막 메시지는 헌신에 대한 것이었다. 나는 이렇게 말함으로써 시작했다. "그가 인생에 있어서 실제로 원한 것은 그 이상이었습니다. 그는 더 많은 돈을 원했습니다. 그래서 그는 상속받은 재산을 십억 불짜리 부동산에 투자했습니다. 그는 더 많은 명성을 원했습니다. 그래서 그는 헐리우드에 뛰어들어 필림 제작자 겸 스타가 되었습니다. 그는 더 많은 육체적 쾌락을 원했습니다. 그래서 그는 성적 욕구를 충족시키기 위해서 상당한 액수의 돈을 치렀습니다. 그는 더 많은 스릴을 원했습니다. 그래서 그는 세상에서 가장 빠른 비행기를 고안하고 만들어 비행했습니다. 그는 더 많은 권력을 원했습니다. 그래서 그는 은밀하고도 솜씨 좋게 정치적인 총애를 얻었고, 그 결과로 두 사람의 미국 대통령이 그의 앞잡이가 되었습니다. 그는 항상 더 많은 것을 원했습니다. 그는 더 많은 것이 진정한 만족을 가져다 주리라고 절대적으로 확신하고 있었습니다. 불행하게도, 역사는 그렇지 않음을 보여 주고 있습니다.”

그리고나서 나는 계속해서 이 사람이 어떻게 생애를 마감했는가를 이야기했다. 그는 쇠약해지고, 핏기를 잃고, 홀쭉해진 가슴, 괴상한 모양의 손톱, 검게 썩은 이빨, 종양, 약물 중독 때문에 생긴 셀 수 없이 많은 바늘 자국을 남긴 채로 죽은 것이다. 나는 이렇게 말했다. “하워드 휴즈는 ‘더 많이’라는 신화(myth of more)를 믿은 채로 죽었습니다. 그는 모든 면에서 볼 때, 제 정신이 아닌 억만장자 마약중독자로 죽었습니다.”

이반 보에스키(Ivan Boesky)가 또 하나의 실례를 제공해 준다. 그는 증권가에서 번 돈이 너무 많아서 다 쓸 수가 없을 정도였다. 그는 뉴욕 뒷골목에 숨어서 더 많은 돈을 벌기 위해 마닐라삼(manilla envelopes)을 팔았다.

우리는 자기 중심적인 삶의 길을 묘사함으로써 그 삶의 공허함과 궁극적인 무익함을 보여 줄 수 있다. 우리는 이렇게 말할 수 있다. “여러분, 그것은 미친 짓입니다. 그것이 미친 짓인 줄 아시겠습니까? 아마도 이 사람들은 여러분보다 더 멀리까지 미혹의 길을 갔을 겁니다. 하지만 여러분이 끝까지 그 길을 간다고 생각해 보십시오. 여러분이 어디로 가고 계신지에 관해 생각해 보십시오. 조만간에 여러분은 모래를 채운 잔을 마시기에 너무나 지친 나머지 ‘나는 생수를 마실 준비가 되어 있습니다’

라고 말하시게 될 것입니다. 여러분은 두세 번 더 결혼을 하고 방황하는 자녀들을 남기게 될, 지금부터 15년 쯤 후에 그렇게 하실 수 있습니다. 아니면 여러분은 다른 사람들의 미친 모습을 보고 교훈을 얻어 지금 당장 그리스도께 절하고 그 분을 믿으실 수 있습니다."

나는 계속해서 이렇게 묻는다. "가장 최근에 여러분이 손에 넣은 물건이 여러분의 영혼의 갈증을 해갈시켜 주었습니까? 가장 최근의 드릴 넘치는 일, 승진, 결혼, 새로 태어난 아이, 출간된 책이 여러분의 내부를 전적으로 만족시켜 주었습니까?" 사람들은 일단 손에 넣기만 하면 자기들을 만족시켜 주리라고 생각했던 것이 대개는 그렇게 해주지 못한다는 사실을 인정할 필요가 있다.

현재에 만족하고 있는 사람들에게는 훗날에 도움을 제공하라. 때때로 사람들은 이렇게 말한다. "여보시오, 나는 내 모습에 만족하고 있소. 어떤 것에 대해서도 굶주리거나 목마르지 않다는 말이오. 내게는 큰 문제가 없소. 나는 잘 해나가고 있단 말이오."

그 정도로 깊이 자기 기만에 빠져 있는 사람들에게는, 내가 해 줄 수 있는 말이 아무 것도 없다. 그러나 공적으로든 사적으로든, 나는 마침내 그들이 자신들에게 그리스도가 필요하다는 사실을 깨닫는 날까지 도움을 제공할 수 있다.

나는 몇 해 동안 시카고 베어즈(Chicago Bears, 미국의 프로 야구팀—역자주)의 목사로 있으면서, 그들이 연습하는 할라스 홀(Halas Hall)에서 매주 성경 공부를 가르쳤다. 한 선수가 문을 지나가며 고개를 흔들면서 윙크를 하고 지나가곤 했다. 어느 날 내가 그에게 이렇게 말했다. "당신은 지금 세상 꼭대기에 올라가 있습니다. 당신은 당신에게 필요한 돈과 명예를 갖고 있지요. 그래서 당신은 지나가면서 윙크를 할 때마다 그 방 안에 있는 나와 나머지 친구들이 바보라고 생각하고 있는 겁니다." 그는 미소를 지을 뿐이었다.

나는 이렇게 말했다. "나는 운명을 예언하는 예언자가 되려고 애쓰지는 않습니다. 그러나 언젠가 당신의 삶 위에 지붕이 내려 앉게 될 겁니다. 당신은 당신이 모든 것을 소유하고 있는 것이 아니라는 사실을 갑자기 깨닫게 될 겁니다. 그런 일이 일어날 때, 제게 전화를 하십시오."

삼 주 후에 그가 전화를 걸었다. "제 하나 밖에 없는 남동생이 첫번째 아이를 낳았습니다. 그런데 그 아이가 기형아로 태어났습니다. 제 동생은 절망에 빠져 있습니다. 그건 저도 마찬가지입니다. 어떻게 해야 할지 무슨 말을 해야 할지 모르겠습니다. 말씀 좀 나눌 수 있을까요?"

현재에 만족하고 있는 사람들에 대한 우리의 최상의 전략은 그들이 자기들의 필요를 깨닫는 날을 위해 우리의 이용도를 광고하는 것이다.

## 인내하면서 성령이 역사하시도록 하라

인내에 대해서 이야기하는 빌 하이벨스는 근검절약에 대해 이야기하는 이멜다 마르코스(Inelda Marcos)와 같다. 그러나 나는 인내하고, 제자도에 대해서 설교하고, 성령이 역사하시도록 하는 법을 배워야 했다.

전적으로 헌신하게 되는 것은 하나의 과정이다. 골로새서 1장은 사람들에게 그리스도 안에서 온전해질 필요가 있다고 말하고 있다. 그러나 고린도전서 3장은 사람들이 영적인 아이들로 시작해야 한다는 사실을 상기시켜 준다. 내 책임은 성장을 독촉하는 것이 아니라 음식 조섭을 감시하는 것이다. 내가 제공하는 메뉴가 그들을 성숙으로 인도하는 영양분을 공급하고 있을까? 음식에 고기가 너무 많아서 그들의 성장을 저해하고 있는 것은 아닐까? 아니면 음식이 영양가가 없어서 입맛을 자극하기는 하지만 건강을 유지하지 못하게 하는 것은 아닐까?

모든 신자들은 그리스도께 전적으로 헌신하기 위해 결국 자기를 포기해야 한다. 그러나 모든 신자들이 동일한 보조로 그렇게 할 수는 없다. 우리 교회의 어떤 사람들은 기질적으로 소심하고 조직적이다. 테니스 레슨을 받을 경우에, 그들은 일주일에 사십오 분씩 훈련을 받아 팔년 후쯤 좋은 경기를 할 수 있게 된다. 그들은 그리스도께 전적으로 헌신할 때에도 동일한 보조를 따른다. 그들은 하나님과 다투거나 하나님을 거역하지 않는다. 헌신을 향한 그들의 느린 진보는 그들의 삶의 전반적인 속도와 일치한다. 그들을 대할 때, 나는 속도를 늦추고 그들의 속도를 따라 움직여야 하는 것이다.

어떤 사람들은 그들과 정반대이다. 얼마 전에, 한 남자가 이런 내용을 담은 편지를 썼다. "저는 두 사업체를 소유하고 있습니다. 저는 두 주일 전 목사님의 한 예배 중에 그리스도인이 되었습니다. 저는 이미 제 두 사업체를 운영할 두 사람을 찾았습니다. 저는 윌로우 크릭 공동체 교회에서 섬기는 데 제 남은 생애를 헌신할 준비를 갖추고 있습니다."

우리는 즉시 그에게 전화를 걸어서 그가 너무 빨리 행동하고 있는 것이 아닌지를 확인했다. 그가 일을 처리하는 속도가 우리를 걱정하게 만들었다. 그러나 어떤 사람들은 본래 그와 같다. 아마도 그는 아내를 만난 지 일주일 만에 청혼했을 것이다!

이러한 성격 상의 차이 때문에, 나는 결코 "다음 주일까지 결정하십시오"라고 말하지 않는다. 최후 통첩과 특별한 시간의 틀을 정하는 것은 개인적인 기질과 일치하지 않을 수도 있다. 그 대신에 나는 이렇게 말한다. "여러분은 오늘 성경의 진리를 들으셨습니다. 듣는 자들이 되실 뿐 아니라 행하는 자들이 되십시오. 저와 제 집에 대해 말씀 드린다면, 우리는 이렇게 하기로(내가 무엇을 설교하든 간에) 결정했습니다. 여러분에게도 결정하실 것들이 있습니다. 여러분이 올바른 결정을 내리실 수 있도록 성령께서 여러분 안에서 자유롭게 역사하시기를 바랍니다."

### 반대 의견과 함께 살 준비를 갖추라

목회자의 삶에 따르는 고통스러운 사실을 지적해야 할 때가 온 것 같다. 철저한 기독교를 전하는 설교는 기준을 낮추도록 우리를 부추기기 위해서 무슨 일이든 시도할 저격수들의 불만을 초래하기 마련이다.

열의가 없는 신자들은 하나님을 거역하는 죄인들이 회개에 대한 메시지에 반응하는 것과 같은 방법으로 전적인 헌신에 대한 메시지에 반응한다. 여러분이 록 음악 콘서트에서 만 명의 청소년들 앞에 서서 이렇게 말했다고 생각해 보라. "여러분은 잘못된 길을 가고 있습니다. 여러분의 삶의 방향을 재고해 보십시오. 무릎을 꿇고 하나님을 거역한 죄를 회개하십시오. 그리고 그리스도를 여러분의 구주로 영접하십시오." 여러분은 틀림없이 적대적인 반응을 대하게 될 것이다.

나는 열의가 없는, 피상적인 그리스도인들에게 전적으로 그리스도께 헌신하도록 도전했을 때 그와 비슷한 저항을 받았다. 누군가가 만족에 빠져 있음을 노출시킬 때마다, 여러분은 방어적인 반응을 예상할 수 있다.

목사들은 그것을 느끼고 있다. 우리가 제자도에 대한 강력한 메시지를 설교한다고 하자. 그러면 사람들의 반응은 우리에게 "섭씨 영하 5도, 더 떨어지고 있음"이라고 말한다. 그 다음 주에 우리가 자존심의 재건(再建)에 대해서 설교한다고 하자. 그러면 갑자기 사람들의 반응은 우리에게 "섭씨 25도, 맑음"이라고 말한다. 세째 주에는 무엇에 관해 설교하고 싶은가?

사람들은 그들의 반감을 어떻게 말로 표현할까? "목사님은 너무 가혹하십니다. 비현실적이십니다. 우리는 아직 그럴 준비가 되어 있지 않습니다. '하나님께서는 여러분의 모습 그대로를 사랑하십니다'라는 말은 어떻게 되는 겁니까?" 장로들의 지지를 받지 못한다면, 나는 계속해서 사역을 감당할 수 없다. 때때로 그 반감이 지나치게 강해지기 때문이다.

얼마 전에 우리는 헌신된 핵심적인 사람들에 대한 조사를 실시했다. 우리가 제기한 질문에 다음과 같은 것이 있었다. "당신은 하나님의 영광을 위해 매주 우리 몸(교회) 안에서 당신의 영적인 은사를 사용하고 있습니까?" 53퍼센트 정도의 사람들이 그렇다고 답변했다. 성경적으로 볼 때, 그 수치는 충분하지가 못하다. 따라서 나는 한 설교에서 그 수치를 인용하면서 이렇게 말했다. "여러분 중에서 영적인 은사를 사용하고 계신 분들을 인해 하나님께 감사를 드립니다. 또한 저는 과거에 너무나 큰 상처를 입어서 다시 섬기기를 시작하시기 전에 오랜 시간이 필요하신 분들을 위해 기도 드립니다. 그러나 저는 나머지 분들에게 곤란한 질문을 드려야 합니다. 도대체 어떻게 된 것입니까? 만일 여러분이 구속을 받아 하나님의 가족으로 받아들여지셨다면, 여러분은 밤마다 잠을 이루지 못하고 하나님께 감사를 표현할 방법을 생각하셔야 마땅합니다. 그렇게 하실 수 있는 한 가지 방법은 여러분의 영적 은사를 확인하고 사용하시는 것입니다. 만약 그렇게 하고 계시지 않다면, 뭔가가 잘못 되어 있는 것입니다!

나는 "먹고 뛰어다니는 사람들, 그리스도의 몸의 득을 누리면서도 그 몸의 복지를 위해서는 아무런 기여도 하지 않는 사람들"에게 기생충이라는 말을 사용하기까지 했다는 사실을 고백할 수밖에 없다.

후에 한 장로가 나를 불러 세우고 이렇게 말했다. "멋진 말입니다. 그 말을 하셔야 했습니다." 내게는 그런 종류의 지지가 필요했다. 다음 날부터 우편물을 통해 미사일들이 날아들기 시작했기 때문이다. "이 몸 안에서 섬기기를 선택하지 않는다는 이유 때문에 내가 기생충이 되지는 않습니다." "당신은 그런 식으로 내게 압박을 가할 권리가 없습니다." "당신은 모든 사람에게 사는 법을 가르칠 수 있다고 생각하는 과대망상에 빠져 있습니다."

나는 모든 편지에 답장을 보내고, 더 대화할 수 있는 기회를 제공했다. 그러나 나는 고린도전서 12장에 대해서 내가 이해한 바를 단언하였다 : 만일 당신이 몸의 지체임을 주장하신다면, 당신은 그 몸의 지체로서 기능을 발휘하실 필요가 있습니다.

요점은, 우리가 회중과 맞서야 한다고 느낄 때, 그것이 우리가 "그것은 올바른 정신으로 말씀하신 올바른 메시지입니다. 미사일이 목사님에게 이르게 하지 마십시오"라고 말할 수 있는 장로들에게 둘러싸일 필요가 있는 때라는 것이다.

그런 이유 때문에, 나는 특별히 도전적인 메시지를 설교하는데 대해서 생각할 때 장로들에게 경보를 발한다. 때때로 그들은, "빌 목사님, 그것은 우리의 공동적인 관심사라기보다는 목사님을 개인적으로 성가시게 만들 문제처럼 들리는군요. 조심하십시오." 그러면 나는 대개 그 문제를 다루기를 포기하거나 그 문제에 대한 더 나은 관점을 가지게 될 때까지 기다린다.

그밖의 경우에, 그들은 그 메시지를 전하고자 하는 나의 바램을 승인한다. 그러면 나는 확신을 가지고 강단에 설 수 있다.

## 내가 이 메시지를 계속 설교하는 이유

무엇이 나로 하여금 확실한, 절대적인 그리스도의 복음을 설교하는 데 대한 망설임을 극복할 수 있도록 도와 주는가? 하나님을 위해서 진정하게, 확실하게 사는 것이 유일한 만족의 길이라는 깨달음이다.

나는 매일 일기를 쓰면서 기도문을 적고 하나님께 나 자신을 다시 복종시킨다. 나는 찬송시 작가와 함께 이렇게 말한다. "나의 생명드리니 주여 받아주시고 거룩하게 하소서." "주는 토기장이, 나는 진흙이오니. 주님 뜻대로 나를 빚으소서." 그리고나서 나는 성령의 도우심으로, 그 헌신한 내용에 따라 하루 동안 살려고 애쓴다.

나는 하나님께 순종하기 위해 시도한 일들을 후회한 적인 한 번도 없다. 사실상, 내가 가장 큰 헌신을 한 시간들이 내게 가장 큰 기쁨을 준 시간들이었다. 그 시간들은 나로 하여금 시편 기자처럼 이렇게 질문하게 만들었다. "여호와께서 내게 주신 은혜를 무엇으로 보답할꼬?"

반면에, 나는 순종하지 않고, 제멋대로 하고, 육신적이고, 완고하고, 소심했던 시간들에 대해서는 비싼 대가를 치뤄야 했다. 그 사실을 기억하는 것이 사람들에게 그리스도께 대한 전적인 헌신을 요청하는 시점에 이를 때 나를 도와 준다. 나는 어떤 남자에게 여섯 자리의 수입(six-figure income)을 포기하라고 요구하거나, 어떤 여자에게 그녀가 의지하고 있는 관계를 포기하라고 요구하거나, 한 십대에게 동료 그룹에게 거부당할 것을 요구하게 될지도 모른다는 사실을 깨닫게 될 때 주저하는 마음을 느끼게 되기가 쉽다. 또한 악한 자가 내 마음을 어둡게 만들어서 사람들에게 그렇게 힘겨운 도전을 해서는 안된다고 생각하게 만든다.

그럴 때 나는 다음과 같은 사실을 기억한다 : 우리는 우리가 누리게 되어 있는 축복과 평강과 기쁨, 그리고 모험을 전적인 헌신 가운데 발견하게 된다. 또한 우리는 철저한 제자도를 추구하는 가운데 하나님과의 교제와 그 분의 미소를 지속적으로 체험하게 된다. 그 사실을 기억하는 것은 나로 하여금 산꼭대기에 올라가 이렇게 외치고 싶게 만들어 준다. "여러분이 하실 수 있는 최선의 일은 지금 당장 무릎을 꿇고 '주여, 제가 여기 있나이다. 당신을 위해 나 자신을 쏟아 붓나이다'라고 말씀하시는 것입니다."

나는 헌신적인 그리스도인이 되리라고 결정한 것을 후회하는 사람을 한 사람도 만난 적이 없다. 그러나 나는 하나님의 부르심에 응하기를 거부한 까닭에 자신의 삶을 파멸시킨 사람들로 스타디움을 가득 채울 수 있다. 사람들은 내게 이런 내용을 담은 편지를 보낸다. "시간을 되돌릴 수만 있다면, 하나님과의 관계에 대해서 그렇게 고집을 부리지만 않았더라면, 그저 듣기만 했더라면 얼마나 좋았을까요!"

예수 그리스도께 철저히 헌신하도록 도전하는 것은 다루기 힘든 일이다. 그러나 그것은 충만한 삶으로 인도한다. 그것이 사실임을 알기 때문에, 우리는 우리 자신에게 한가지 질문 만을 제기할 필요가 있다 : 우리는 사람들에게 자신들에게 가장 큰 도움이 되고 하나님께 가장 큰 영광을 돌리게 될 일을 행하도록 요청하는 것으로부터 뒷걸음칠 것인가? 아니면 강력한, 삶을 변화시키는 진리를 선포하는 신실한 종이 될 것인가?

# 4부

# 오늘날의 설교자

내가 사용하는 예화들은 반드시 설명을 해야 한다. 나는 나 자신을
지나치게 훌륭하거나 현명하게 보이려고 애쓰는 것을 피해야 한다. 따
라야 할 규칙은 다음과 같다. 예화는 설교자를 높이는 것이 아니라 진리
를 설명해야 한다.

—해돈 로빈슨

제 10장

# 강단에 여러분 자신을 끌어들이라

설교가 초연한, 권위 있는 강의(講義)였던 시절은 가버렸다. 오늘날
에는 비인격적인 설교자라는 말 자체가 거의 모순적인 말이 되어버렸다.
오늘날 사람들은 인격적인 설교자—약점이 있고 자신을 드러내는—를
기대하게 되었다.

사람들은 내 설교에 대한 의견을 말할 때, 설교의 논리나 구조, 또는
설득력—내가 각각의 요소들을 포함시키려고 애씀에도 불구하고—에 대
해서는 드물게 언급한다. 보다 전형적인 견해는 다음과 같다.

"그 메시지를 이해할 수 있었습니다. 하지만 가장 잘 이해할 수 있었

던 것은 목사님의 약점이었읍니다. 목사님은 정말로 제게 목사님을 이해 시키셨습니다. 목사님은 우리로 하여금 목사님을 볼 수 있게 해 주셨습 니다."

오늘날의 청중들은 설교자가 인격적이고 매력적이기를 기대한다. 이 것은 설교자가 사람들의 개인적인 필요들에 대해서 이야기할 뿐 아니라 설교자의 삶의 체험에서 뽑은 예화들을 사용해야 함을 의미한다. 이것이 많은 사람들이 귀를 기울이는 내용인 동시에 설교를 판단하는 척도인 것 이다.

강단에 여러분 자신을 끌어들이는 데에는 특별한 기술이 요구된다. 그 렇게 하는데 잠재적인 위험이 따를 수 있기 때문이다. 여기에 몇 가지 함 정들과 그것들을 피하는 방법이 있다.

### 개인적인 예화에 따르는 위험

나는 얼마 전에 한 교회에 앉아 한 설교자가 사탄의 책략에 대해서 이 야기하는 것을 듣고 있었다. "여러분은 보통 아침 여섯 시 쯤 일어나 여 덟 시쯤 출근하십니다. 하지만 여러분은 주일 날 아홉시 반까지 교회에 가시면 됩니다. 한 시간 반 쯤의 시간이 여분으로 남아 있음에도 불구하 고, 모든 일이 잘못 되어갑니다." 그리고나서 그는 그 점을 개인적으로 표현했다. "오늘 아침 아내와 저는 끔찍스러운 말다툼을 벌였습니다. 솔 직히 말씀드리자면 우리는 아직 화해를 하지 못했습니다. 저는 우리가 오늘 낮에 그 문제를 해결할 수 있기를 바라고 있습니다."

스케줄의 와해와 사탄의 영향력에 대한 그의 논점은 순식간에 사라져 버렸다. 설교자와 그의 아내가 십 라운드의 싸움 중 삼 라운드를 벌이고 있다는 사실은 모든 사람들의 신경을 거슬리게 했다. 개인적인 설교를 원하는 청중들조차 그 정도까지 개인적인 설교에 대해서는 잘 반응하지 않았던 것이다.

만일 그가 "지난 주일 날 우리는 부부싸움을 했습니다. 우리는 주일

날 오후에야 비로소 화해했습니다"라고 말했다면, 회중이 그 예화를 높이 평가하고 유익을 얻을 수 있었을 것이다. 그 싸움 후에 승리가 임했다. 그러나 사람들은 여러분이 지고 있는 싸움을 구경하기를 특별히 원하지 않는다.

사람들이 우리가 완전하기를 기대하지 않는 것은 사실이지만, 어떤 개인적인 예화들은 설교자와 청중들 간의 미묘한 관계를 압도한다. 일반적인 법칙은, 성경적인 해결책에 따라 상황을 해결해 오지 않았다면, 그것이 예화로 사용될 준비가 되어 있지 않다는 것이다. "곧 이 문제를 해결할 겁니다"라고 단순히 말하는 것은 여러분의 논점을 부각시켜 주지 않는다. 그것은 여러분과 여러분의 문제를 부각시키는 것이다.

해결되지 않은 상황을 가지고 청중들의 마음을 어지럽히고 어수선하게 만드는 것이 개인적인 예화를 사용하는 데 따르는 한 가지 위험이다. 그러나 그밖의 위험들도 있다.

## 부적절한 자기 노출

여러 수준의 자기 노출이 있다. 어떤 관계에 있어서든 기본적인 요인 중 하나는 얼만큼 자신을 드러내야 하는가를 아는 것이다. 친구들이 신뢰를 쌓아 왔을 때, 그들의 자기 계시(self-revelation)는 더 깊어질 수 있다. 그러나 물의 깊이를 알아 보지도 않고 수영장에 뛰어드는 것은 바보 밖에 없다. 여러분은 여러분의 배우자가 여러분을 너무나 잘 알기 때문에 그녀에게 사실상 모든 것을 말해 줄 수도 있을 것이다. 그러나 본래 다양한 사람들로 이루어져 있고 그 영적 성숙도 또한 다양한 회중은 그 정도 수준의 계시를 감당할 수 없다.

열 단계의 자기 노출이 있다고 상상해 보자. 대부분의 회중들은 1단계, 2단계 또는 어쩌면 3단계까지를 받아들일 수 있을 뿐이다. 그런 단계에서는 여러분이 정직하고 솔직하다는 것을 건전한 방법으로 알리는 것으로 충분하다. 그러나 여러분은 모든 세부 사항을 밝히지 않을 수 있기에 충분한 좋은 감식력과 감각, 그리고 분별력을 소유해야 한다.

정욕의 문제에 대해 설교하던 한 목사가 이렇게 고백했다. "저는 성적인 유혹의 힘을 알고 있습니다. 저는 아직도 여자들에게 정욕을 품을 때가 있습니다. 사실상, 저는 오늘 아침 여기 서서 여러분을 바라보고 있는 중에도 여러분 중 누군가에게 정욕을 품었습니다."

그 말은 정직한 말이었음에도 불구하고 그의 설교의 효과를 파괴했다. 그가 첫번째 한 말로도 충분했을 것이다. "저는 성적인 욕구의 힘을 알고 있습니다." 그러나 그는 바로 그 순간 청중에게 그 사실을 개인화함으로써 철저하게 청중을 잃었다. 모든 사람들은 정욕의 힘에 대한 하나님의 해결책이 무엇인지를 숙고하는 대신에, 그 목사가 누구를 바라보고 있었는가를 알아보기 위해서 여기 저기를 둘러 보았던 것이다. '저 여잔가? 난가?' 그의 논점의 효과는 청중들의 반응에 의해 여지 없이 파괴되었던 것이다.

일반적으로, 사람들은 목사의 자기 노출이 과거의 사건일 경우에 더 쉽게 그것을 다룰 수 있다. 그는 이렇게 말할 수도 있었다. "말씀드리기 부끄럽지만, 과거에 하나님 앞에서 기도를 드릴 때조차 비도덕적인 생각들이 제 마음을 지배했었던 때가 있었습니다. 하나님께 제가 정욕과 씨름하고 있음을 고백하는 것 외에 제가 할 수 있는 것은 아무 것도 없었습니다."

어떤 것이든 간에 해결되지 않은 개인적인 갈등을 제시하는 것은 사람들의 주의를 그들 자신의 상황보다는 여러분, 즉 설교자에게로 집중시키는 경향이 있다. 그것은 여러분이 상담자에게 여러분의 갈등을 이야기할 때, 단지 상담자로 하여금 "당신에게 문제가 있다고 생각하십니까? 오늘 아침 제게 어떤 일이 일어났는지를 말씀드릴 때까지 기다리십시오"라고 말하게 만드는 것과 비슷하다. 그렇게 될 경우에 여러분은 상담자의 문제만을 떠맡은 채로 스스로의 문제에 대해서는 아무런 위안도 얻지 못하는 것이다.

만일 설교자들이 강단에서 그렇게 한다면 회중은 하나님의 말씀이 그들에게 제공되었다는 인식을 상실하게 될 것이다. 그 화살은 한 바퀴 돌아와 박힌다. 설교자가 스스로의 치료를 위해 청중을 사용한 것이다.

이것은 설교자의 삶의 모든 것이 순수하고, 현명하고, 성경적인 결론에 이른다는 의미는 아니다. 지상에서의 삶이 언제나 성공적이고 행복한 결과를 초래하지는 않는다. 개인적인 예화를 이야기하는 설교자의 과업은 한 가지 요점만을 설명하는 것이다. 그와 동시에, 그는 이런 내용을 전달한다. "저도 그런 상황에 처한 적이 있습니다. 저는 상아탑 안에만 살고 있지 않습니다. 제 아이들은 동정녀에게서 탄생되지 않았습니다. 제가 시도한 모든 것이 영적인 성공을 초래한 것은 아닙니다."

### 감정의 영향 하에 빠진다

개인적인 설교에 따르는 또 한 가지 위험은 여러분의 현재의 감정적인 상태가 여러분의 설교에 영향을 끼칠 수 있다는 것이다.

한 교회를 방문해서 설교자의 설교를 듣는 동안, 나는 그가 사람들에게 성이 나 있음을 느꼈다. 그의 목소리는 분노에 젖어 있었다. 그가 말한 모든 예화가 부정적이었다. 그는 사랑하지 않고, 섬기지 않고, 끊임없이 다른 사람들을 험담하고 비방하는 그리스도인들에 대해 이야기했다.

후에 나는 그 교회의 지도자인 한 친구에게 "목사와 당회 사이에 무슨 문제가 있나?"라고 물었다.

그는 "그래"라고 대답했다. "나는 당회가 목사에게 떠나달라고 말할 것이라고 생각하네." 그 목사는 강단에서 자기 감정을 쏟아 놓았다. 그는 예화들을 통해서 자기가 소수의 사람들에게 경험한 것을 모든 그리스도인들에게 보편화시켰다. 그는 상처를 입고 있었다. 그는 앞에 있는 사람들을 좋아하지 않았다. 그것이 설교에 그대로 나타난 것이다.

분노가 설교자들에게 영향을 끼치는 유일한 감정은 아니다. 내가 가장 자주 느끼는 것은 피로감이다. 나는 내가 피로함을 알 때, 다음과 같은 세 가지 사실을 인식해야 한다.

1. 청중의 반응에 대한 나의 인식이 왜곡될 것이다. 나의 안테나가 잘못된 신호들을 포착하게 될 것이다. 피로할 때, 나는 더 쉽게 사람들이 흥미가 없고, 적대적이고, 주의가 산만하다고 느끼게 될 것이다. 그렇게 되면 나는 나 자신의 감정을 그들의 감정으로 해석하게 된다. 나는 그 해석에 귀를 기울이지 않는 법을 배워 왔다.

2. 나는 변명하고 싶어질 것이다. 예를 들어, 나는 피로할 때 "어제 늦게까지 잠을 자지 못했습니다. 아내가 아파서 하고 싶었던 만큼 준비를 할 수가 없었읍니다"라고 말하고 싶은 강한 충동을 느낀다. 그러나 만일 여러분이 설교자로서 지쳐 있다면, 사람들로 하여금 그 사실을 발견하게 하라. 그들에게 그 사실을 말하지 말라. 만일 여러분의 목구멍이 간질간질하다면, 그들에게 그것을 결정하게 하라. 그들에게 신호를 주지 말라.

여러분 안에 있는 모든 것이 변명하고 싶어한다. 회중에게 여러분을 동정해 줄 것을 요청하고 싶어한다. 그러나 여러분을 동정하고 있는 회중은 설득을 당할 수 없다. 그들은 메시지보다 전달자(메신저)에 관해서 더 생각하게 될 것이다.

3. 나는 열정을 잃게 될 것이다. 나는 활기있게 강단에 서는 대신에 보다 더 수동적인 경향을 나타내게 될 것이다. 그 결과로, 내 설교는 김이 빠지게 될 것이다. 나는 강단에 서기 전에 사람들이 도움을 받기 위해 왔다는 사실을 상기해야 한다. 강단에 서게 될 때, 나의 할 일은 그들을 돕는 것이다. 설교는 계속되어야 한다. 그것은 예배가 시작될 때, 회중이 성가대가 찬양하고, 올갠 연주자가 연주를 하고, 설교자가 설교하기를 기대한다는 것을 의미한다. 사람들은 하나님과의 약속을 지키기 위해 교회에 나온다. 그들은 우리에게 최상의 상태를 유지하기를 기대한다. 때때로 우리의 최상의 상태는 우리의 가능한 상태에 이르지 못한다. 그러나 우리는 그것을 보리떡 다섯 개와 물고기 한 마리처럼 하나님께 드리고, 하나님께서 나머지 일을 하시도록 그 분을 신뢰해야 한다.

여러분은 마음이 산란할 때, 설교하는 동안 울고 싶은 경향이 있음을 발견하게 될 것이다. 무거운 짐에 눌려 있는 목사는 눈물을 흘릴 수 있다. 그리고 그의 감정을 이해할 경우에, 회중이 그 감정에 잘 반응할 수 있을 것이다. 그러나 너무 자주 우는 설교자는 자신의 영향력을 희생시키게 될 것이다. 사람들은 여러분이 깊은 감정의 소유자라는 사실을 알 필요가 있지만, 그와 동시에 여러분의 자제력을 보고 싶어한다. 만일 여러분이 화를 내는 중이든 아니면 눈물을 흘리는 중이든 간에 너무 자주 감정을 발산한다면, 여러분의 사역이 피해를 입게 될 것이다.

공적 연설의 기본 원칙은 능력 있는 연사는 자신과 청중에 대한 좋은 태도를 가지고 좋은 감정적 상태를 유지하는, 능력 있는 사람이라는 것이다. 그것은 목사들에게도 해당된다.

## 유머의 능력

강단에서 웃을 수 있는 설교자는 엄청난 장점을 가지고 있다. 하지만 유머는 위험할 수도 있다.

찰스 스윈들 목사(Pastor Charles Swindol)의 매력적인 요소 중 하나는 그가 설교 중에 고개를 제끼고 웃을 수 있다는 것이다. 그는 자신 ― 그의 타고난 훌륭한 유머 ―을 강단에 끌어들인다. 사람들이 스윈들 목사의 스타일에 관해서 가장 많이 이야기하는 것은 그의 웃음이다. 사람들은 그가 그 체험을 즐기고 있음을 보게 된다. 그리고 그 결과로 그들 역시도 그 체험을 즐기게 된다.

유머의 이득 한 가지를 더 들어 보자. 회중들의 감정을 사로잡는 것은 힘드는 일이지만, 일단 여러분이 어떤 감정(유머, 긴장감, 슬픔)을 사로잡는다면, 다른 감정들을 포함시키는 것은 비교적 쉬운 일이다. 일단 웃은 사람들은 그 후에 슬픔을 느끼기가 더 쉽다. 또한 슬픔을 느낀 사람들은, 웃기가 더 쉬운 것이다. 알프레드 히치콕(Alfred Hitchcock)의 영화들을 보면, 그는 웃음을 도입함으로써 긴장감을 증가시키고자 하였다.

히치콕은 사람들이 웃음을 터뜨린 다음에 긴장의 나사를 더 타이트하게 조일 수 있었던 것이다.

그러나 유머는 우리를 곤란하게 만들 수도 있다. 어떤 유머는 사람들을 바보로 만든다. 그 유머가 재미 있고 사람들이 웃음을 터뜨린다고 할지라도, 설교자는 잠재의식의 차원에서 다소 몰인정하다는 인상을 주게 된다. 그럴 경우에 그 유머는 설교자에게 불리하게 작용하게 되는 것이다.

여러분 자신을 희생하는 유머는, 너무 자주 사용되지만 않는다면, 사람들의 반응을 끌어내는 수단이 될 수 있다. 우리는 자신을 유머의 대상을 삼는 사람들을 좋아한다. 그들이 이렇게 말하고 있기 때문이다. "내가 말하고 있는 것은 아주 심각한거야. 하지만 나는 나 자신을 지나치게 심각하게 여기지 않아."

### 전환점 예화들의 위험

개인적인 예화들 가운데 내재하는 또 다른 유혹은 너무 자주 여러분의 영적인 전환점으로 돌아가고자 하는 것이다. 우리는 얼마나 자주 이런 말들을 듣게 되는가? 내가 군에 있을 때, 어머니 무릎에 앉아 있을 때, 수술을 받았을 때…….

여기서 위험한 것은 여러분의 청중이 이미 들은 적이 있는 이야기를 촌스럽게 다시 하는 것이 아니다. 그 보다 더 큰 위험은 현실적으로 삶이 하나의 과정임에도 불구하고, 그러한 설교가 위기에 초점을 맞춘다는 것이다. 극적인 전환점 예화들을 이야기할 때, 우리는 하나님께서 역사하실 때마다 항상 전격적인 영향력과 함께 역사하신다는 인상을 주게 된다. 그럴 경우에, 대부분의 사람들이 하나님과 더불어 갖는 체험은 세속적이고, 점강적(漸降的)이며, 매력이 없고, **진실이 아닌 것**처럼 여겨지게 된다.

그 결과로 사람들은 그리스도인의 삶이 일련의 영적 전환점으로 이루어지리라고 예상하게 된다. 그러나 삶의 진정한 기술은 평범한 것들을 성실하게 다루는 데 있는 것이다.

## 교묘한 자기 자랑의 위험

강단에서 의식적으로 자기를 자랑하는 목사들은 많지 않다. 자신의 이야기들을 통해서 스스로를 영웅으로 묘사하는 사람들도 많지 않다. 그러나 그렇다고 하더라도, 개인적인 사건들을 회상하는 몇 가지 방법이 교묘한 자기 자랑의 형태가 될 수 있다. 그리고 그것이 청중에 끼치는 영향력은 사라지지 않는다.

때로는 설교자가 "비신자와 가진 대화"에 관해서 이야기함으로써 그런 일이 이루어진다. 그 설교자는 비신자가 어떤 질문을 했을 때, 현명한 대답으로 그를 능가했다고 이야기한다. 그런데 실제 대화와 설교 사이에 그 이야기가 몇 번에 걸쳐 다듬어질 수 있는 것이다.

또한 설교자가 자기가 읽은 책이나 만난 중요 인사들의 이름을 과시하는 경우도 있다.

설교자가 무심코 과장하는 경우도 있다. 마이너 리그 야구 팀을 위한 예배를 인도했다고 해서, 내가 정말로 "우리 나라의 운동 선수들을 위한 영적인 상담자"인 것은 아니다.

몇 해 전에 나는 한 설교에서 우리 가족이 가정 예배를 어떻게 다뤘는지를 묘사했다. 내 아들, 토리(Torry)가 그 자리에 나와 함께 있었다. 그런데 집으로 오는 차 안에서 그가 이렇게 말했다. "아버지, 그 설교에 관해서 한 가지 여쭤 봐도 되요?"

"물론이지." 나는 어린아이에 불과한 아들이 설교를 듣고 있었다는데 뿌듯함을 느꼈다.

그러자 아들이 이렇게 말했다. "설교하실 때, 실제로 그렇지 않은 사실을 말씀하셔도 되는건가요?" 나는 더 많은 정보를 얻기 위해서 부드럽게 물어보았다.

"아버지, 아버지가 말씀하신 것을 우리가 한 것은 사실이에요. 하지만 우리는 한 두번 밖에 그렇게 하지를 않았어요. 아버지는 우리가 매주 그렇게 한 것처럼 들리게 말씀하셨어요." 그는 무례한 말을 한 것이 아니었다. 나는 지나치게 좋게 보이고 지나치게 현명하게 들리기 위해 애썼던 것이다.

우리는 우리에게 일어나지 않은 어떤 것을 말할 때 도덕적으로 면목을 잃게 된다. 나는 의식적으로 거짓말을 하고 있지 않았다. 나는 단지 논지를 완전히 이해시키고자 시도하고 있었을 뿐이다. 그러나 "이것이 제가 한 일입니다(한 번)"로부터 "저는 그 일을 이렇게 하고 있습니다(정기적으로)"로 발전되는 것은 쉬운 일이다. 정기적으로 설교를 하는 모든 사람은 얼마나 빨리 그 선을 넘을 수 있는가를 인식하고 있다.

그러나 나는 의도적으로가 아니라 암암리에 회중에게 거짓말을 했다. 진실을 알고 있는 누군가(이 경우에는 토리)가 회중 가운데 앉아 있을 때, 그 설교는 거룩한 허구(虛構)가 되고 만다. 우리는 강단 안팎에서 거짓 증거를 하지 말아야 한다.

내 예화들은 설명을 해야 한다. 나는 나 자신을 지나치게 좋게 보이거나 현명하게 들리게 만드는 다른 의제(議題)를 피해야 한다. 사랑은 설교 상의 허다한 죄를 덮어 준다. 그러나 일단 사람들이 여러분의 정직함에 대한 확신을 잃게 된다면, 여러분의 사역은 호된 손상을 입게 된다.

사람들은 잘 모르는 설교자의 설교를 들을 때, 이렇게 묻는 경향이 있다. '그가 말하는 것이 진실일까?' 그러나 더 많은 사람들이 여러분을 알면 알수록, 그들은 더 이렇게 묻게 된다. '그가 자기가 말하고 있는 일을 하고 있을까? 그 예화 속의 인물이 내가 아는 그 사람일까?'

우리 자신을 거룩하거나 현명하게 만들 때마다, 다음과 같은 어려운 질문으로 우리의 동기를 시험해 보는 것이 좋다. '나는 왜 이 예화를 사용하고 있는가? 어떤 요점을 설명하기 위해서인가? 아니면 나의 입장을 높이기 위해서인가? 사람들과 동일시하기 위해서인가?' 이러한 이유 중 어떤 것도 타당하고 필수적인 이유가 될 수 있다. 하지만 자기 자랑은 대개 역효과를 초래한다.

회중의 칭찬을 받고자 노력하는 것이 그들로 하여금 우리를 싫어하게 만들 수도 있다. 사람들은 우리가 그들을 감동시키려고 애쓰고 있는지, 지배하려고 애쓰고 있는지, 아니면 우리 자신을 자기들보다 높이려고 애쓰고 있는지 의문을 품게 될 것이다. 우리가 따라야 할 원칙은 다음과 같다 : 예화는 설교자를 높이는 것이 아니라 진리를 설명해야 한다.

### 개인적인 체험의 능력

예화의 목적이 즉각적인 해결책을 제공하는 것이 아닌 경우가 종종 있다. 오히려 그 목적은 이것이 여러분과 회중 모두가 알 수 있는 보편적인 인간적 갈등이라는 사실을 반영하는 것이다. 여러분은 이렇게 말한다. "그것이 인간의 상태입니다. 저도 겪어 본 적이 있습니다." 여러분은 그 딜레마를 해결하지 못할 수도 있다. 그러나 여러분은 여러분이 그들로부터 동떨어진 삶을 근거로 그들에게 설교하고 있지 않음을 알게 하고 있다. 그런 경우에, 그 예화는 조심스럽게 표현되어야 한다.

나는 한 메시지에서 이렇게 말했다. "만일 여러분이 일반적으로만 죄에 대해서 생각하고 계시다면, 그것은 국채(國債)가 얼마인지를 상상하려고 애쓰는 것과 같습니다. 그것은 이해를 초월합니다. 우리가 얼마나 죄로 가득 차 있는지를 이해할 수 있는 유일한 방법은 하나의 죄에 초점을 맞추고 죄가 어떤 것인가를 실제로 살펴 보는 것입니다."

"제 아버지가 살아 계셨던 몇 해 전에, 아버지에게는 끊임 없는 보살핌이 필요했습니다. 그래서 우리는 한 동안 달라스에 있는 집에 아버지를 모셨습니다. 그는 정신이 혼미했습니다. 그래서 그는 끊임없이 파티오(스페인식 집의 안뜰 – 역자주) 문을 열고 밖으로 나갔습니다. 그리고는 돌아다니다 다시 돌아오곤 했습니다. 그는 그렇게 하기를 되풀이 했습니다. 십 분 또는 십오 분 동안 이삼십 번을 그렇게 했던 것입니다."

"마침내 저는 '아버지, 공기 조절이 제대로 안됩니다. 안에 계시든가 밖에 계시든가 하실 수 없으세요?'라고 말했습니다. 그래도 그는 계속 그렇게 했습니다. 저는 아버지에게 다가가서 어깨를 움켜 잡고 눈을 쳐다 보면서, '아버지, 제 말 좀 들어보세요. 안에 계시든가 밖에 계시든가 하세요'라고 말했습니다. 그런데도 그는 계속 들어왔다 나갔다 할 뿐이었습니다."

"저는 어린 아이에게 하듯이 팔을 뒤로 빼어 찰싹 그를 때렸습니다. 그러자 그는 저를 쳐다 보았습니다. 그리고나서 문을 열고 밖으로 나갔습니다. 그래서 제가 다시 그를 때렸습니다. 그 때 저는 그를 죽일 수도 있었을 겁니다. 정말로 화가 났던 것입니다."

"제게 생명을 준 사람이 있었습니다. 그는 저를 키우고 사랑했습니다. 그런데 저는 그 순간 화가 나서 그를 때렸습니다. 우리 각자 안에 거하고 있는 죄의 능력이 어떤 것입니까?" 나는 계속해서 죄의 실재와 죄악된 사람들에게 하나님께서 주시는 용서에 대해서 이야기했다.

나는 그 예화를 조심스럽게 다루었다. 회중은 그 예화가 문제를 소개하는 것인지, 아니면 해결책을 제시하는 것인지, 아니면 두 가지 모두인지를 알 필요가 있다.

그 이야기를 한 그룹과 함께 나눈 후에, 한 남자가 내게 이렇게 물었다. "어떻게 그렇게 자신을 비판받기 쉽게 만드실 수 있습니까?" 나는 나 자신을 비판받기 쉽게 만들었다고—최소한 나 자신을 위기에 처하게 만든다는 의미에서—는 생각하지 않았다. 그것은 나 자신을 드러내는 예화였지만, 나는 또한 그 예화가 그러한 행동을 할 수 있는 사람들에게 하나님께서 베푸시는 넘치는 은혜를 설명해 주기를 바랐다.

그러나 그 때 또 한 사람이 이렇게 말했다. "그 이야기를 들었을 때, 나는 어린 딸아이에 관해 생각했습니다. 그 아이는 울고, 울고, 또 웁니다. 걸음마를 시켜 주고, 무등을 태워 주고, 노래를 불러 주지만 계속 울어제끼는 겁니다. 마침내 저는 그 아이를 벽에 던져버리고 싶어하는 제

자신의 모습을 발견했습니다. 목사님의 이야기를 듣지 않았다면, 저는 절대로 저의 분노를 인정하지 않았을 겁니다." 그는 하나님께서 베푸시는 구원을 새롭게 이해하고 평가하게 되었던 것이다.

그 개인적인 예화는 그로 하여금 자기가 체험한 것을 확인하고 하나님의 말씀을 그의 삶에 적용할 수 있게 해 주었던 것이다.

그밖의 경우에는, 예화가 청중으로 하여금 성경의 진리를 이해하고 체험할 수 있도록 도와 준다. 개인적인 예화는 효력을 더해 줄 수 있다. 조엘 에이즈네스(Joel Eidsness) 목사는 딸과 함께 외출한 추억을 말한 다음에 사람들을 계시록을 본문으로 한 설교에 끌어들였다.

"첫째 딸이 일곱 살이었을 때, 우리는 어느 날 오후를 쓰레기 버리는 곳에서 보냈습니다. 우리의 목적은 쓰레기를 내버리는 것이 아니라 버려진 물건들을 관찰하는 것이었습니다. 저는 제 올즈모빌 차(Oldsmobile)를 쓰레기더미 옆에 세우고 딸아이를 차 지붕 위에 올려 놓았습니다. 저는 종이와 연필을 손에 들고, 딸에게 확인할 수 있는 물건 이름을 이야기하라고 말했습니다. 그 결과는 놀라운 것이었습니다. 거기에는 플라스틱으로 만든 수영 풀, 불고기틀(barbecue), 그리고 잔디 밭에 놓는 의자 몇개가 있었습니다. 그리고 아기 인형, 자전거, 장난감 냉장고와 난로, 라디오와 텔레비전 따위—어린 소녀가 꿈꾸는 모든 것, 그리고 그 이상의 것들—도 있었습니다."

"차를 몰고 다시 시내로 들어 오던 중에, 우리는 우연히 이중 트레일러 트럭(a double trailer truck) 옆을 지나게 되었습니다. 각 트레일러에는 다섯 대의 차가 고철이 되어 한데 묶여 있었습니다. 그 차들을 뒤집어 보았다면, 아마도 디트로이트에서 만든 차임을 보여 주는 상표가 붙어 있었을 겁니다. 그 차들은 갓 만든 차들이 아니었습니다. 열대의 부서진 차의 모습은 바로 그 순간 '사물'의 가치에 대해서 이야기하고 있었던 아버지와 딸에게 엄청난 객관적인 교훈을 주었습니다. 저는 어깨를 기대고 있었던 딸에게 우리가 타고 가는 아름다운 델타 로얄(Delta Royale,

자동차 상표)도 결국 고철더미가 될 것이라는 사실을 일깨워 줬던 일을 아직도 기억하고 있습니다."

"크리스틴(Kristen)과 저는 결코 그 날을 잊지 못할 것입니다. 그것은 우리가 소유하고 있는 모든 것이 어느 날 쓰레기가 될 것이라는 사실을 강력하게 일깨워 주는 사건이었습니다. 어느 도시의 쓰레기 버리는 곳에서, 우리의 주의를 끌고 우리의 삶을 지배했던 것들이 썩어가는 쓰레기가 쌓인 냄새나는 무더기에 섞여, 타오르는 불길 아래 연기를 내며 타버리게 될 것입니다. 그러나 그 모습은 우리와 우리 자녀들의 마지막을 묘사해 주는데 그치지 않습니다. 그 모습은 또한 우리가 지금 알고 있는 인간 역사의 붕괴를 묘사해 주고 있습니다. 역사는 영원히 계속되도록 예정되어 있지 않습니다. 역사는 —의식하든 못하든 간에—하나님의 두렵고도 끔찍한 심판을 기다리고 있습니다. 계시록 17장과 18장 만큼이 끔찍스러운 종국(終局)을 분명하게 묘사해 주는 성경 구절은 거의 없습니다. 그리고 우리 미국인들만큼 그 메시지를 들을 필요가 있는 사람들도 거의 없습니다."

성경을 기초로 설교하는 설교자들은 하나님께서 이야기를 좋아하신다는 사실을 분명히 알고 있다. 성경은 세계 최고의 이야기 책으로 선발되어 마땅하다. 성경의 이야기들과 비유들은 우리에게 죄와 믿음, 겁과 용기, 불신과 순종이 어떤 것인지를 생생하게 보여 준다.

설교자들이 이야기하는 사람들(story tellers)로서 게리슨 케일러(Garrison Keilor)와 경쟁하도록 요청받고 있는 것은 아니라 하더라도, 우리는 "예를 들어"라는 표현의 효력을 이해해야 한다. 강단에서 막연한 이야기들만을 늘어 놓는 사람들은 만(灣)을 스쳐지나 가면서도 아무 곳에도 착륙하지 않는 호버크크래트(hovercrafts, 고압 공기를 아래 쪽으로 분사하여 기체를 지상에 띄워서 나는 수륙 양용차—역자주)와 같다. 우리가 우연히 옳았다는 사실이 우리에게 우리 청중들의 체험으로부터 초연한채로 공중에 떠 있을 권리를 제공하지는 않는다.

현실의 예화들은 우리에게 진리를 개인적으로─우리 자신들과 회중에게─적용할 수 있도록 도와 준다. 물론 그것이 설교의 목적이다.

우리는 말씀을 우리의 말에 맞게 굽히고자 하는 유혹을 끊임없이 받고 있다. 선택적으로 설교하고, 많은 주제들을 회피하고, 말하고 싶지 않은 구절들을 살짝 건너뛰고, 내가 성령이었다면 영감을 불어넣어 성경으로 하여금 말하게 했을 내용을 말하도록 교묘히 조작하려 하는 것은 정도(正道)를 벗어난 유혹이다.

—스튜어트 브리스코

# 제 11장
# 설교의 교묘한 유혹들

설교가 하나님의 귀중한 은사이기 때문에,

하나님의 계시된 진리를 선포하는 것이 목회 사역의 주요한 측면이기 때문에,

말씀의 전파(설교)를 통해서 사람들이 믿음에 이르게 되기 때문에,

영혼의 원수, 하나님의 계획의 원수가 우리의 설교를 대적할 것이기 때문에,

그 원수가 우선 설교자를 통해서 설교를 공격할 것이기 때문에,

우리 모두는 그 원수가 그의 가장 오래된 방법, 즉 유혹을 사용할 것이

라는 사실을 경고 받아야 한다.

다른 모든 사람과 마찬가지로, 설교자들도 악명 높은 유혹들에 빠지기 쉽다. 우리는 그 사실에 관해서 약간 이야기할 필요가 있다. 분명한 죄에 빠진 오늘날의 설교자들의 예는 얼마든지 있다.

그러나 사탄은 분명한 도구들과 함께 그의 교묘한 도구들을 사용한다. 사실상, 교묘한 유혹들이 특히 하나님의 말씀을 선포하는 권세를 부여받은 사람에게 더 위험할 수 있다. 그러므로 주의 깊은 설교자들까지도 방심시킬 수 있는 은밀한 유혹들을 검토해 보는 것이 현명한 일일 것이다.

## 교만

한 여자가 예배 후에 설교자에게 찾아 와 이렇게 말했다. "정말로 훌륭한 설교였습니다. 목사님. 정말 훌륭한 설교였습니다." 그녀는 그 설교의 뛰어남에 대해 신이 나서 이야기했다.

약간 당황한 그 목사는 부드럽게 이의를 제기했다. "글쎄요, 훌륭한 것은 제가 아니라 주님입니다."

그러자 그 여자는 "오, 그 설교는 그 정도로 좋지는 않았어요"라고 대답했다.

이 오래 된 이야기는 목사의 공격받기 쉬운 영역 중 하나—교만—를 정확하게 지적하고 있다. 영국 사람들이 말하곤 했던, "목사를 사탕발림 하는 것"은 사실상 미국에서 시행되고 있는 관습이다. 아마도 그것은 사람들이 목사에게 그들이 설교를 듣고 그 설교에 의해 축복을 받는 모범적인 교구민임을 보여 주는 한 가지 방법일 것이다.

그것은 목사들의 삶을 눈치 없는 것으로 만든다. 목사들은 진실을 표현하려고 애쓰는 사람들에게 예의를 갖춰야 하는 반면에, 사람들이 하는 모든 말을 믿어서는 안된다.

그렇다면 설교자는 칭찬에 어떻게 반응해야 하는가? 나는 사람들이 일반에게 인정된 사실 만을 이야기하고 있다는 판단이 들 경우에, 악수를 하면서 "글쎄요. 감사합니다. 매우 친절하시군요"라고 대답한다. 그것은 애매하지만 정중한 대답이다.

그러나 만일 누군가가 그 설교에 관해서 분명한 열심을 보일 경우에 ㅡ 그건 정말 유익했습니다! ㅡ그리고 평범한 칭찬 이상의 말을 할 경우에, 나는 이렇게 질문할 것이다. "무엇이 유익했는지 말씀해 주실 수 있을까요? 알 수 있다면, 제 설교를 개선하는데 도움이 될텐데요."

나는 그 질문을 조심스럽게 사용해야 한다는 사실을 발견해 왔다. 만일 그 사람이 빤한 말을 반복하고 있을 뿐이라면, 대답할 말을 한 마디도 생각할 수 없는 그에게 그런 질문을 하는 것은 그를 당황하게 만들 것이다. 따라서 나는 그 사람이 진심으로 그런 말을 하고 있다고 확신하지 않는 한 그 질문을 사용하지 않는다.

다른 이유들도 교만을 조장한다. 교회 건물이 한 예이다. 대부분의 강단이 눈에 띄는 자리에 자리잡고 있다. 회중석은 성실하고 주의깊은 사람들을 만들어내기 위해 계획된 것처럼 보인다. 음향 시스템도 설교자의 음성을 확대해준다. 그러한 환경은 설교자를 은밀한 자부심으로 꾀어들일 수 있다. '이 사람들은 내 설교를 듣기 위해 여기 있어! 나는 매우 근사한 일을 하고 있음에 틀림 없어!'

설교자는 단순히 어떤 역할을 채우는 것만으로도 훌륭한 일을 하고 있을 수도 있다. 어떤 사람들은 설교자가 "어린 양을 잉태한 마리아"라는 제목으로 설교한다 하더라도 축복을 받을 수 있을 것이다.

그러나 우리 설교자들은 지속적인 기여를 하기 위해서 우리 자신이 아니라 신적인 말씀을 전달해야 한다는 사실을 인식하고 있다. 그 신적인 말씀은 헛된 인간의 노력이 아니라 하나님의 영의 능력에 의존한다. 내가 그런 사실을 이해할 때 교만은 내 안에 아무런 거처도 찾을 수 없다.

나는 설교할 때, 그리고 종종 사무실을 떠나기 직전에 이 사실을 기억하기 위해서, 다음과 같은 찬송을 부를 것이다. "자비로우신 주, 나의 하나님이시여, 말씀을 선포할 수 있도록 저를 **도우소서…….**" 또한 나는 이렇게 하나님께 기도드린다. "주님, 당신은 저의 자비로우신 주님이십니다. 여기 제가 **당신의** 메시지를 가지고 서 있습니다. 저는 그 말씀을 전달할 자격이 없는 사람입니다. 저는 당신의 도우심을 의지할 뿐입니다."

그 기도는 내가 설교하는 자라는 사실을 인식하고 있다. 진리는 나의 인격, 생각, 음성, 그리고 몸을 통해서 전달된다. 나는 생명이 없는 도구가 아니라 하나님의 사역의 대리자이다. 나는 이 계획에 참여하고 있다. 물론 그와 동시에 이 기도는 내가 하나님을 전적으로 의지하고 있음을 인식하고 있다.

교만은 교활한 원수이다. 일반적으로 교만은 우리에게 뻔뻔스럽게 해를 끼치지 않는다. 반드시 사역을 무능력하게 만들지도 않는다. 교만한 사람들이 인도하는 사역을 하나님께서 축복하신 예도 얼마든지 있다. 그것은 하나님께서 축복하시는 것이 목사가 아니라 전달되는 진리이기 때문이다.

그러나 교만은 설교자들을 해칠 수 있으며, 결국 그들을 바울이 쓸모없는 자들이라고 불렀던 자들로 만들 수 있다. 설교자는 복음을 설교할 뿐 아니라 복음을 따라 사는 책임을 받아들여야 한다.

### 오만함

언젠가 내가 영국에 있을때 한 젊은이가 이야기를 나누기 위해 나를 찾아 왔다. 대화 중에 교회가 주제로 대두되었는데, 그가 교회에 가지 않겠다고 말했다.

나는 "이유가 뭔가?"라고 물었다.

"글쎄요, 한 가지 이유를 말씀드린다면, 반박할 수 없는 높은 곳에 있는 사람의 말을 앉아서 들어야 하기 때문입니다."

그의 말은 내게 충격을 안겨 주었다. 우리 목사들은 우리를 반박하거나 우리에게 도전을 가할 수 있는 상황으로부터 우리 자신을 격리시키는, "반박할 수 없는 높은 곳에 있"는 사고방식을 채택하고자 하는 유혹을 받게 된다. 우리는 거룩한 방으로부터 모습을 나타내고, 거룩한 강단에서 설교하고, 그리고나서 즉시 거룩한 방으로 사라지고, 전혀 사람들과 접촉을 갖지 않음으로써 우리 자신을 물리적으로 격리시킬 수 있다.

또는 그 격리가 거드름 피우는 것이 될 수도 있다. 그럴 때 우리는 사람들의 관심사에 대해 안타까와 하는 것처럼 가장하지만 내심으로는 이렇게 반발한다. '글쎄, 내가 봉급을 받고 있기 때문에 당신 말을 듣기는 할 것이오. 하지만 솔직히 말하자면, 당신은 당신이 뭘 말하고 있는지를 모르고 있소. 결국, 자격 인정물(credentials)을 갖고 있는 사람은 나요.'

자격 인정물이 불충분하기 때문에—나는 성경 학교나 신학교에 다닌 적이 없다—나는 나의 자격 증명서를 근거로 스스로를 자랑하고 싶지 않다. 그러나 나는 사람들이 내가 말한 어떤 것에 반대할 때 그들을 참을 수 없게 될 수 있다. 결국, 그들은 그 문제를 나 만큼 철저하게 연구하지 않았다. 내가 나의 관점에서 그들의 논지를 파악하는 반면에, 그들은 그것을 전혀 잘못 파악하고 있는 것이다.

그런 일이 일어날 때, 나는 그들을 단절하는 위험—정중하다 할지라도—에 빠져 있다. 아무리 내가 정중하다 할지라도, 사람들은 내가 그들을 진지하게 취급하지 않는 때를 가려내는 것이다.

또한 오만함의 유혹을 받는 사람들은 자기 설교 노트의 여백에 **논증이 약하다—크게 외쳐라**라고 갈겨 쓰는 설교자처럼 엄청난 권위 위식을 가지고 말하는 경향이 있다. 그들이 사용하는 과장된 말과 힘있는 수사학은 사려 깊은 청중들에 의해 여지 없이 결점이 드러나게 될 것이다.

나는 사람들이 내게 하는 말 뿐 아니라 내가 사람들에게 하는 말에도 귀를 기울이는 것을 목표로 삼고 있다. 나는 말할 때 듣는 즉시에는 사리가 닿지 않거나 문법적으로 부정확한 어떤 것을 자주 이야기할 것이다.

나는 그 시점에 말을 멈추고 이렇게 말한다. "제가 방금 드린 말씀을 들으셨습니까? 여러분은 한 영국 사람이 그런 말을 한다는 것을 믿으실 수 있으십니까?" 아니면 나는 때때로 이렇게 말할 것이다. "저는 여러분이 듣고 계셨는지 모릅니다. 하지만 저는 듣고 있었습니다. 제 자신이 어리석은 말을 하는 것을 들었습니다." 그 밝은 유머는 내가 나의 말을 감시하고 있음을 전달하고 있다. 나는 사람들도 그렇게 하기를 기대한다. 또한 그 유머는 내가 오만해지게 될 때, 그들이 도중에 그 사실을 상기시킬 수 있도록 허락하는 것이다.

## 게으름

나는 처음 목사직에 들어섰을 때, 지금은 작고한 포트 워스(Fort Worth)에 사는 목사 친구 헐 브룩스(Hal Brooks)와 대화를 나눈 적이 있다. 그는 목사들이 극단적으로 열심히 일할 수도 있고 아무 일도 하지 않을 수도 있다고 주의를 주었다. 여러분은 새벽부터 자정까지 일하거나 철저하게 게으를 수 있다.

무슨 말인지를 설명해 달라고 조르자 그가 이렇게 말했다. "목사가 모습을 나타내고 계속 돌아나니는 한, 그가 별로 일하지 않기란 쉬운 일이라네. 사람들의 기대는 그다지 높지 않아. 따라서 보통은 그 기대를 충족시키기가 그렇게 어렵지 않아. 그런데 만일 권위 있는 어떤 사람이 목사가 무슨 일을 하고 있는가에 관해 의문을 제기하거나, 더 특별히 그가 무슨 일을 하지 않고 있는가에 의문을 제기한다면, 그는 실제적인 문제에 대해 영적인 답변을 제시할 수 있지. 그것은 대개 그 평신도로 하여금 스스로를 어리석고 수치스럽게 느끼게 만든다네."

우리의 설교 또한 게을러질 수 있다. 우리는 귀중한 낡은 설교들을 계속해서 설교할 수 있다. 우리는 사람들의 마음이 들뜨게 될 경우에, 항상 "하지만 이것이 꾸밈 없는 복음인걸요!"라고 대답할 수 있는 것이다.

그러나 꾸밈 없는 복음이 몇몇 구절을 단순하게 재탕하는 것이 될 수는 없다. 하나님의 본성의 신비, 인간의 절실한 필요, 구원의 내용과 이유, 영광스러운 영원한 소망―이러한 복음의 진리들은 우리가 설교할 때마다 새로운 의미를 전달한다.

나태한 설교는 성경을 되는 대로 주석하는 것―한두 절을 읽고 명백한 사실들을 진술하는 것―과 더불어 시작된다. 우리가 주제 주위를 맴돌기만 때, 우리의 준비 부족이 드러난다. 어떤 사람은 일부 설교자들이 여리고 성 주위를 도는 이스라엘 자손들과 같다고 말했다. 그들은 엄청난 허세를 부리며 그 주제 주위를 돌고 또 돈다. 그리고 그 설교는 실패로 돌아가는 것이다.

게으름은 또한 부주의한 내용 가운데 그 모습을 드러낸다. 빈약한 예화와 모호한 적용이 준비가 부족했음을 드러내는 것이다.

(물론, 단 한 사람의 목사가 모든 일을 하게 되어 있는 교회들에서는 게으름이 흠이 되지 않을 수도 있다. 그에게는 준비할 시간이 없을 뿐이다. 당연히, 그것은 전혀 다른 이야기이다.)

그러한 게으름에 빠지지 않도록 조심하기 위해서, 나는 한 설교에 사용할 수 있는 것보다 더 많은 자료를 가지고 강단에 선다. 설교할 때 그 자료로부터 설교할 내용을 끌어내는 것이다.

우리 교회의 통찰력 있는 한 여자가 언젠가 이렇게 말했다. "저는 1부 예배에 참석하는 것이 좋아요."

나는 "이유가 뭡니까?"라고 물었다.

"저는 설교가 만들어지는 모습을 보는 것이 좋아요. 다른 예배에 참석해 본 적도 있지만, 저는 1부 예배에서 선택 과정이 진행 중임을 보게 된답니다. 저는 종종 어떤 논점이 발전되는 모습을 볼 때, 스스로에게 이렇게 이야기합니다. '목사님이 두번째 설교에서 그 논점에 대해서 말씀하시는데 같은 시간을 보내지 않으실 거야.'

그녀의 말은 옳다. 나는 설교하는 동안에 설교를 준비한다. 그것은 내가 앞서 준비를 하지 않았기 때문이 아니라 설교가 진행됨에 따라서 선택할 자료가 풍부하기 때문이다. 나는 게으른 설교를 하지 않도록 풍부한 자료를 발견하여 사용하고자 애쓰고 있다.

### 표절

표절은 게으름과 연관되어 있다. 어떤 설교자들은 다른 사람의 설교를 그대로 설교한다. 그렇게 하는 사람을 한 번도 만난 적이 없기는 하지만, 어떤 설교자들은 정말로 어떤 책에 있는 설교를 그대로 읽는다.

반면에, 나는 다른 사람들의 자료로부터 자료를 끌어내도록 목사들에게 격려한다. 그 외에도, 목회직에 따르는 긴급 사태들은 때때로 다른 사람들의 좋은 아이디어를 이용할 것을 요구한다. 예를 들어, 내 장남은 목사로서 첫번째 해를 맞고 있다. 그는 온갖 의무를 감당하느라고 기진맥진해서 돌아다닌다. 그는 꼼꼼한 성격을 가지고 있기 때문에 설교를 준비하는데 몇 시간씩 걸린다. 그래서 나는 그가 자기가 설교하고 있는 시리즈에 대해서 이야기할 때, 그에게 내가 비슷한 시리즈에서 설교했던 설교들의 개요를 준다. 나는 그에게 설교 자체를 주지는 않을 것이다. 하지만 그러한 골격들은 시간을 절약하는 데 엄청난 도움을 줄 것이다.

그 골격들을 다시 고안하는 데에는 별 의의가 없다. 우리 모두는 설교를 할 때 그 골격들에 우리의 날인을 부여하면서 그 골격을 사용할 필요가 있다. 우리 대부분은 다른 자료를 현명하게 사용하는 것과 표절할 정도로 게으른 것 간의 차이를 알고 있다.

다른 사람의 설교를 직접 사용할 때, 나는 그 사실을 밝힌다. 최근에 발간된 스티브 브라운(Steve Brown)의 책 중 하나에 그가 탄 비행기에서 한 어린 소녀가 통로를 지나가다가 쓰러져 죽은 사건이 기록되어 있다. 그들은 비상 착륙을 해서 시체를 비행기에서 내려 놓았다. 사람들이 그 사건을 어떻게 받아들일지에 대해 관심을 가졌던 스티브는 비행기 승무원 중 한 사람에게 이렇게 말했다. "저는 목사입니다. 영적인 도움을 필요로 하는 사람이 있다면 기꺼이 그와 대화하겠소."

그 승무원은 사실상 이런 내용을 담은 말을 했다. "오, 승객들 모두 괜찮을 거라고 생각합니다. 승객들에게 공짜 술을 제공했거든요."

내가 그 기사를 읽은 주에, 그 기사가 내 설교에 안성 마춤이었다. 그래서 나는 이렇게 말함으로써 그 이야기를 시작했다. "저는 케이 비스케인 장로 교회(Key Biscayne Presbyterian Church)의 목사인 스티브 브라운이 저술한 책을 최근에 읽고 있었습니다. 그는 비행기에서 한 어린 소녀가 죽은 사실에 대해서 말하고 있습니다." 그 대신에, "얼마 전에 나와 함께 비행기에 타고 있었던 한 어린 소녀가 내 건너편 좌석에서 죽었습니다"라고 말하는 것은 정직하지 못한 일이었을 것이다. 현명하게 사용할 경우에 사용할 만한 가치가 있는 좋은 자료는 얼마든지 많이 있다.

### 말의 곡해(Word Twisting)

우리는 말씀을 우리의 말에 맞추고자 하는 유혹을 받고 있다. 그것은 가장 정도(正道)를 벗어난 유혹이다. 선택적으로 설교하고, 많은 주제들을 회피하고, 말하고 싶지 않은 구절들을 살짝 건너뛰고자 하는 유혹 말이다.

나는 어려운 구절을 피하기 보다는 "이것은 극히 어려운 구절입니다. 저는 이 구절에 대한 가능성 있는 해석이 여러가지 있음을 알고 있습니다. 개인적으로 저는 각 해석을 다루는 데 어려움을 겪고 있습니다. 그래서 저는 결정을 내리지 못하고 있습니다"라고 말하는 편이 더 낫다는 사실을 배워 왔다. 그것은 정직하고도 정당한 말이다. 사람들은 대개 그 말에 만족한다. 나는 내가 이해한 것 이상을 설교할 수는 없다. 하지만 나는 은근하게 무시하면서 성경을 다루지는 않는다.

말의 곡해는 또한 내가 성령이었다면 영감을 불어 넣어 성경으로 하여금 말하게 했을 내용을 말하도록 교묘히 조작하는 형태를 취하기도 한다. 특히 그 유혹은 어떤 특별한 주제에 골똘해 있는 설교자를 유혹한다.

처칠은 광신자가 자신의 마음을 바꿀 수 없고 주제를 바꾸려 하지 않는 사람이라고 말했다. 설교에 있어서는, 우리가 어떤 본문을 취하든 간에 우리가 선호하는 주제를 찾고자 하는 유혹이 존재한다.

그 체험은 또한 우리가 인물 설교를 할 때 나타난다. 성경에 나오는 인물들에게서 사실들의 지지를 받지 못하는 특징들을 읽어내기란 쉬운 일이다. 나는 왕성한 상상력의 축복을 받고 있지만, 종종 그 상상력이 저주가 될 수도 있다.

사람들은 여전히 내가 마가 요한과 바나바에 대해서 전한 메시지에 관해 말하곤 한다. 나는 마가 요한이 겁에 질려 있었다고 설교했다. 사실상 나는 그를 "겁장이 마가 요한"이라고 불렀다. 그리고나서 나는 그 단언에 관해 생각하기 시작했다. '비록 성경이 그가 여행 중에 바울과 바나바를 떠났다고 말하고 있지만 그 이유는 밝히고 있지 않아. 어쩌면 나는 요한 마가에게 불공평한 형벌을 가하고 있는지 몰라. 나는 그와 함께 영원히 살게 될텐데, 그가 내게 다가와서, "어이, 친구, 자네 누구를 겁장이라고 부르는건가?"라고 묻기를 원치 않아.'

우리는 당연히 어떤 이야기를 채우기 위해서 어떤 가정들을 세울 수 있다. 그러나 "저는 차라리 이렇게 추측합니다…", 또는 "저는 이렇게 생각합니다…"라고 말함으로써 우리의 말을 부드럽게 만드는 것이 최선의 방책이다.

본문을 근거로 한 그러한 추정(推定)들은 권위적인 설교를 위한 것이 아니다. 오히려 그 추정들은 사람들로 하여금 다소간 그 인물을 공감할 수 있도록 더 설명해 주는 역할을 한다.

겟세마네 동산에서의 베드로에 대해서 말했을 때, 나는 이렇게 말했다. "베드로는 녹슨 검을 빼들면서 이렇게 생각했습니다. 주님을 보호해 드릴 거야! 대제사장의 종이 앞으로 나왔을 때, 베드로는 그의 귀를 쳐서 끊었습니다." 그리고나서 나는 잠시 멈추어 생각했다. "베드로가 그저 다른 사람의 귀를 베어 내고 말 사람처럼 들리는가?" 그리고 나서 나는 과감하게 내 생각을 사람들에게 알게 하였다. "저는 그것이 그가 계획하고 있었던 일이라고 생각하지 않습니다. 저는 그가 말고를 완전히 두 토막으로 내려 하고 있었다고 생각합니다. 그런데 말고가 간신히 그 칼을 피했던 것입니다."

성경은 전혀 그 이야기를 보장해 주지 않는다. 그러나 그 이야기는 다채롭다. 그것은 난폭하게 칼을 휘두르고 사태를 엉망진창으로 만든 크고 성질이 불같고 성급한 베드로의 모습을 잘 묘사하고 있다. 그 인물에 대한 연구의 요점이 성경의 지지를 받는 한, 나는 상상력에 의한 그러한 이야기들을 사용할 수 있다고 생각한다.

## 자기 선전

한 젊은 설교자가 첫번째 설교를 하러 갔다. 그는 이 대작(大作)을 위해서 너무나 많은 공을 들인 나머지 오만함으로 가득차 있었다. 그는 엄청난 자신감을 가지고 강단에 올라갔지만, 그곳에 올라갔을 때, 한 가지도 기억해 낼 수 없었다. 마침내 그는 철저하게 창피를 당한 채로 강단을 내려 왔다.

그가 계단을 내려 왔을 때, 나이든 설교자가 그에게 이렇게 말했다. "만일 자네가 강단에서 내려 온 모습처럼 강단에 올라갔더라면, 올라간 모습처럼 내려 왔을걸세."

엄청난 자만심을 발산하고 자신으로 가득찬 사람은 종종 무모한 행동을 하게 마련이다.

반면에, 우리는 권위 있는 메시지를 가지고 있다. 우리는 하나님의 말씀에 대해 자신이 없거나 변명을 늘어놓을 필요가 없다. 그럴 경우에, 그 말씀은 불확실한 것처럼 전해지게 될 것이다. 권위와 겸손의 결합은 미묘하지만 필수적인 결합이다.

우리가 우리가 하는 모든 이야기를 위대하게 여기기 시작할 때 우리 설교로부터 자기 선전이 스며나오게 된다. 그렇게 되면 다른 모든 사람은 어리석은 것처럼 여겨지게 된다. 나는 그렇게 하는 내 자신을 발견해 왔다. 일반적으로 자기를 낮추는 이야기를 하는 편이 더 낫다.

자기 선전은 또한 우리가 좋은 부분만을 이야기하기 때문에 우리를 좋게 보이게 만드는 절반만 사실인 이야기들(half-stories)을 사용할 때, 또는 유명한 사람의 이름을 함부로 자기 친구인 양 말하고 돌아다닐 때에도 일어난다. 그것은 또한 우리가 언제나 올바른 해답을 가지고 있는 것처럼 나타날 때 그 추한 모습을 드러내게 된다. "누군가가 어떤 문제를 가지고 제게 왔습니다. 그래서 제가 그에게 말했습니다…." 너무나 많은 이러한 예화들이 자기 선전처럼 전해진다. 그것은 우리가 할 일이 아니다. 우리가 할 일은 하나님을 선전하는 것이다.

### 사람들을 즐겁게 하는 것

설교자들은 특히 선지자적인 설교를 희생하여 사람들을 즐겁게 하는 자가 되고자 하는 유혹에 대항하여 담대하게 싸워야 한다. 종종 사람들은 듣고 싶지 않은 말을 들어야 한다. 그것이 우리의 생계를 위협하게 된다 하더라도 말이다.

목사를 찾는 교회에 관한 오래 된 농담이 있다. 거기에 보면 그들의 직무 기재사항에는 "성숙한 지혜를 가진 젊은이"와 "모든 교구민들을 방문하고 언제나 사무실에서 만날 수 있는 사람"과 같은 항목이 포함되어 있다. 그 마지막 자격 조건은 다음과 같다 : 두려움 없이 하나님의 말씀을 강해하고 우리가 듣고 싶어하는 바를 큰 권위를 가지고 말할 사람.

그것은 많은 목사들이 직면하고 있는 상황으로부터 멀리 떨어져 있지 않다. 그러나 나는 바울이 고린도 교인들에게 한 말을 생각한다. "너희에게나 다른 사람에게나 판단 받는 것이 내게는 매우 작은 일이라 나도 나를 판단치 아니하노니 내가 자책할 아무 것도 깨닫지 못하나 그러나 이를 인하여 의롭다함을 얻지 못하노라 다만 나를 판단하실 이는 주시니라".

사람들을 즐겁게 하고자 하는 유혹을 피하는 유일한 방법은 우리가 우선, 무엇 보다도 먼저 신실하도록 부르심을 받았다는 사실을 기억하는 것이다.

반면에, 나는 나이가 들면 들수록 덜 교리적이 되어 왔다. 나는 사람들의 상처와 갈등에 더 민감해졌다고 생각하기를 좋아한다. 그것은 내가 때때로 성경의 어려운 부분들을 부드럽게 만들고자 하는 유혹을 받고 있음을 의미한다.

만일 내가 예언적인 말씀을 개악(改惡)하고 있다면—그것이 그 말씀을 부드럽게 만드는 것이라 하더라도—나는 그 유혹을 피할 필요가 있다. 그러나 만일 내가 사람들의 삶을 위해 성경의 메시지를 그들의 취미에 맞게 만들고 있다면(질을 나쁘게 하는 것이 아니라), 그렇게 부드럽게 만드는 것은 타당한 일이다.

나는 며칠 전에 한 심리학자 친구와 대화를 나누고 있었다. 그 대화는 비도덕적인 행동에 빠지는 목사들의 문제로 주제가 옮겨졌다. 나는 그에게, "목사들이 어떻게 그러한 우발적인 사건들을 피해야 하는가?"를 물었다.

그의 대답은 나를 놀라게 했다. "자네 자신에게 항상 정직해야—엄격하게—한다네."

그의 충고는 설교라는 배경 내에서도 그대로 적용된다. 교묘하고도 다양한 유혹들도 우리의 엄격하고 압도적인 정직함에는 맞설 수가 없는 것이다.

모든 설교자는 모든 청중에 의해 이런 저런 방법으로 평가 된다. 그
러나 적절한 시간에 적절한 사람들에게 적절한 질문들을 하지 않는 한
건설적인 평가는—아무리 그것을 원한다 할지라도—일어나지 않을 것
이다.

—빌 하이벨스

# 제 12장
# 계속 자신을 표적으로 삼으라

칠십 년대 초에 청년 사역자로서 공적으로 가르치기를 시작했을 때,
나는 대화적인 스타일로 가르쳤다. 그때 내가 가르친 청년의 수는 25명
에 불과했다. 내 자료가 그다지 유익하지 못했을 때, 한 학생이 손을 들
며 이렇게 말했다. "계속 진도나갈 수 있을까요?" 그때 나는 내가 과녁
을 빗나가고 있거나 레위기를 소개하는 부분에 너무 오래 머물고 있었음
을 깨닫고 계속 진도를 나갈 수 있었다.

나는 일 년 이상 그 스타일을 유지하였다. 그러나 그 후 우리는 전도
프로그램에 착수했다. 그러자 갑자기 그 그룹은 25명에서 150명으로 늘

어났다. 나의 교수법은 얼마 못가서 더 커진 그 그룹에 적절하지 못한 것이 되었다. 나는 실제로 형식에 맞는 메시지 구성을 시작해야 했다. 혼란에 빠진 나는 담임 목사를 찾아가 이렇게 말했다. "저는 150명의 학생들에게 완전히 성숙한 메시지를 전해야 합니다. 어떤 조언을 해 주시겠습니까?"

그는 이렇게 말했다. "글쎄, 내가 만일 자네라면 벌코프(Berkhof)의 기독교 교리학(Manual of Christian Doctrine)을 한 권 얻어서 학생들에게 1장부터 가르치겠네. 그 말이 내게 좋게 들렸다. 그래서 나는 벌코프의 책 1장을 읽어보았다. 그리고 줄을 치면서 준비를 했다. 그날 밤 나는 방을 가득 채운 학생들에게 가르치기 시작했다.

나는 오 분 정도 시간이 지나면서부터 학생들이 흥미를 잃기 시작하는 모습을 보게 되었다. 학생들은 누가 그 자리에 있는가를 보려고 주위를 둘러보고 있었다. 그밖의 학생들은 시계를 보고, 서로에게 종이 쪽지를 건네고, 앞자리에 앉아 있는 사람들의 등에 글자를 쓰기 시작했다.

바로 그 때, 나는 이 교수법이 유익하지 못하다는 사실을 알게 되었다. 나는 일어나고 있던 일에 너무 마음이 상한 나머지 삼 분의 일 정도를 전한 상태에서 그 메시지를 멈추었다.

나는 이렇게 말했다. "오늘 밤 기대에 부응하지 못한데 대해서 용서를 구해야겠습니다. 제가 말하려고 준비한 것은 분명히 과녁을 빗나갔습니다. 그래서 저는 여러분 학생들에게 한 가지 약속을 하고 싶습니다. 만일 여러분이 다음 주에 다시 오신다면, 저는 하나님에 대한 여러분의 이해, 기독교 신앙에 대한 여러분의 이해, 그리고 여러분이 날마다의 삶을 사는 방법에 차이를 낳을 내용을 직접 성경에서 취해 말씀드리겠습니다. 제게 한번 더 기회를 주신다면 그것을 여러분에게 증명하고 싶습니다."

친절하게도 다음 주에 대부분이 돌아왔다. 어쩌면 그들은 나의 비위를 맞추려 했는지도 모른다. 그러나 그 날부터 나는 사람들을 지루하게 만들거나 적절한 성경을 적절하지 않은 것으로 만드는 데 대한 거룩한 두려움을 가지고 살아 왔다. 그 체험은 나로 하여금 나의 교수법을 평가받는데 대한 교만함에 대해 죽을 수 있도록 도움을 주었다.

모든 설교자는 모든 청중에 의해 이런 저런 방법으로 평가받는다. 나는 가장 효과적인 방법으로 하나님의 진리를 가지고 사람들에게 나아갈 수 있도록 도움을 줄 평가를 받고 싶다. 나는 정확한 평가를 얻는 것을 나의 일의 일부로 생각한다.

### 적절한 질문들

그러나 적절한 시간에 적절한 사람들에게 적절한 질문들을 하지 않는 한 건설적인 평가는—아무리 그것을 원한다 할지라도—일어나지 않을 것이다.

**적절한 사람들**이란 말은 내가 신뢰하게 된 훌륭한 분별력을 가진 사람들을 의미한다. 모든 사람으로부터 정보를 얻는 것은 단지 나를 괴롭히고, 당황하게 만들고, 상처 받게 할 것이다. 나는 그 대신에 현명한 상담자들에게 가기를 원한다.

**적절한 질문들**이란 말은 내가 어떻게 전달하고 있는가를 다양한 차원에서 발견하기를 원함을 의미한다.

- 각 예화—내가 의도한 바를 전달했는가?
- 각 메시지—그 시리즈에서의 기능을 수행했는가?
- 메시지들이 일년 동안 갖는 가치—이 회중이 필요로 하고 듣고자 하는 주제들과 구절들을 포함하고 있는가?
- 전체로서의 나의 설교—나의 사역의 목표를 성취하도록 돕고 있는가?

마지막으로 **적절한 시간**이란 말은 내가 가장 효과적인 때에 평가를 받기를 원함을 의미한다. 분명한 사실은 그것이 내가 그 평가에 대해서 가장 효과적인 조처를 취할 수 있는 때라는 것이다. 어떤 메시지를 전달한 후에 그것이 본제를 약간 벗어난 것이었음을 발견하는 것은 얼마간 유익하다. 그러나 잘 겨냥되지 않은 어떤 것에 스무 시간의 시간을 들이기 전에 그 사실을 발견하는 것은 얼마나 더 생산적이겠는가? 그래서 나는 설교하기 전에 계획하는 단계들 동안 "평가" 질문들을 제기한다. 예를 들어, 나는 매 주말마다 같은 메시지를 세 번—토요일 밤에 한 번, 주일 아침에 두 번—전한다. 나는 동일한 메시지를 두 번 더 전하기 전에 교정할 것들을 교정할 수 있도록 토요일 설교가 끝나자 마자 평가를 받으려고 애쓴다. 그 결과로, 어떤 주일 아침에는 아침 다섯 시 반에 사무실에 앉아 있기도 한다. 그러나 일찍 평가를 받는 것은 한 가지 실수를 여러 번 저지르지 않도록 해 준다.

누군가에게 여러분의 설교를 평가해 달라고 요청하는 것은 미묘한 일이며, 설교를 평가하는 사람들과 질문들, 그리고 타이밍은 각 목사와 교회에 따라 다양할 것이다. 하지만 나는 내 설교를 개선하는 데 도움을 줄 정보를 얻으려고 내가 어떻게 애써 왔는가를 여러분과 함께 나누고자 한다.

## 한 설교의 평가

윌로우 크릭 교회의 장로들은 내가 내 설교의 정확성과 적절성에 관해 질문할 때 언제나 성실하게 대답해 준다. 그러나 만일 내가 질문하지 않았다면, 그들은 아무런 대답도 하지 않았을 것이다.

우리는 상당한 시간을 거치는 동안 그 과정을 형식화하였다. 이제 장로들은 내가 하는 모든 설교를 평가한다. 그리고 내가 메시지를 마친 몇 분 후에 글로 적은 평가를 내게 전달해 준다. 한 장로—설교 평가에 이를 때, 우리 교회에서 가장 분별력이 있는—는 장로들로부터 반응들을 수집하고 요약하여 게시판 앞에 적어 놓았다가 내가 떠나기 전에 건네 준다.

예를 들어, 나는 최근의 한 수요일에 그리스도의 주권을 영화롭게 하라는 강력한 명령을 메시지로 전했다. 한 장로가 내게 전화를 걸어(대개 그의 평가가 게시판에 적혀 있다 할지라도) 이렇게 말했다. "저는 사실 목사님이 수요일 밤에 말씀하신 모든 내용과 스타일과 어조를 높이 평가합니다. 목사님이 그리스도의 주권을 강조하신 사실을 고려할 때, 저는 사람들이 성령의 도우시는 사역에 대한 설교를 정기적으로 들을 필요가 있음을 목사님이 상기하시는 것이 중요한 일이라고 생각합니다. 우리는 그런 종류의 주권에 항상 복종하기 위해서 성령의 능력을 필요로 합니다.”

나는 “좋은 말씀입니다”라고 말했다. 그것이 내가 필요로 하는 종류의 교정이다. 내가 종종 어떤 주제에 지나치게 집중하게 됨으로써, 나의 개성의 강렬함이 내가 의도하지 않은 혼란을 초래하기 때문이다. 사람들은 내가 무엇인가에 화가 나 있었다고 생각한다. 그래서 나의 어조와 태도가 어떻게 전달되는가에 대해서 듣는 것이 내게 매우 중요하다.

지난 수요일 밤에, 나는 다시 한 번 그리스도의 주권에 대해서 이야기했다. 그러자 몇 사람의 장로들이 내가 이야기한 정신과 태도에 감명을 받았다고 말했다. 그들은 내가 이 메시지를 통해서 귀에 거슬리지 않고 오히려 사랑을 가지고 제자도로의 부르심을 제시했다고 말했다. 그 말은 내게 많은 것을 의미했다.

나는 장로들로 하여금 모든 메시지—또는 어떤 메시지—를 평가하게 하는 것이 많은 목사들을 겁나게 하는 생각이라는 사실을 인식하고 있다. 나는 이처럼 책임있게 설교를 평가하는 시스템이 기능을 발휘하는 으뜸가는 이유가 장로들과 나 사이에 세워진 엄청난 신뢰와 사랑이라는 배경임을 인정한다. 내가 한 설교를 위해 이십오 시간 또는 삼십 시간 동안 준비하고, 내 삶을 그 안에 쏟아 넣고, 기도하고, 세 개의 초안을 작성했을 때… 만일 평가하는 사람들이 매우 예민하고 세심하게 평가하지 않는다면, 그 시스템은 위험에 빠지게 될 것이다.

만일 내가 단 한 번만이라도 사적인 의제(議題)나 어떤 특별한 장로가 듣고 싶어하는 의제를 의식했다면, 우리가 누리고 있는 이러한 평가 형태가 풀어질 수도 있었을 것이다.

그러나 우리는 효과적인 평가를 확보하기 위해서 몇 가지 단계를 취해 왔다.

**첫째로, 나는 장로들에게 내가 내 설교를 평가받는 것에 대해서 민감하다는 사실을 자유롭게 인정한다.** 나는 장로들에게 골백번 이런 말을 했을 것이다. "저는 강단에서 내려온 후 처음 4분 동안의 이러한 평가들에 극도로 상처를 입기 쉽습니다. 어떻게 제게 건설적인 평가를 제시할 것인가에 관해 많은 시간을 들여 생각하시는 분이 계시다면 그 분에게 감사할 것입니다." 장로들은 그 사실을 이해하고 그 문제를 놓고 열심히 생각해 왔다.

**둘째로, 우리는 한 사람을 통해 모든 평가를 여과한다.** 내가 어떤 예화에서 본제에서 빗나간 것을 말했을 경우에, 나는 사무실에 갈 때쯤이면 일곱 번이나 여덟 번 정도 그 사실에 관해 듣곤 했다. 세번째 장로가 무언가를 이야기할 때쯤 나는 이렇게 말하곤 했다. "그걸로 충분합니다. 요점을 파악했습니다." 그러나 각 사람은 무언가를 말해야 한다는 의무감을 느끼고 있었다. 그래서 나는 마침내 장로들에게 찾아 가서 이렇게 말했다. "그만 됐습니다. 제가 멋진 설교를 했을 때 일곱 분이 어깨를 도닥거려 주시는 것은 좋지만, 설교를 망쳤을 때 일곱 분이 매를 때리는 것은 몹시 고통스럽습니다. 그러니 단 한번만 사실들을 들을 수 있도록 한 장로님을 통해서 모든 의견을 여과하도록 합시다."

우리는 단언되어야 하는 것을 단언하는 보기 드문 능력을 가진 사람을 반응을 수집할 사람으로 선택했다. 우리가 동의한 바는 다음과 같았다 : 만일 한 장로가 어떤 메시지가 적중했다고 판단한다면, 지명된 이 장로를 찾아가서 아무 말도 할 필요가 없다. 만일 그 메시지가 믿을 수 없을 정도로 통찰력이 풍부하다면—나는 그런 일이 한두 번 일어난다고 생각한다—지명된 그 장로가 말할 때가 된다. 그리고 만일 그 메시지에 어떤 문제가 있다면, 지명된 그 장로는 당연히 그것에 관해 들어야 한다. 그러나 각 메시지 후에 형식적인 간부 회의가 열리지는 않는다. 여러 해 동안

이 특별한 장로의 평가가 그 그룹의 감정들을 항상 잘 설명해 주는 것이었기 때문이다. 또한 그는 나와 대화하기 전에 대개는 두세 사람의 장로와 대화할 것이다.

**우리를 위해 그 시스템이 기능을 발휘할 수 있게 만들어 주는 세번째 원칙은 그 평가에 주고 받음이 있다는 것이다.** 지명된 그 장로는 여러 번 이런 말을 하게 될 것이다. "우리에게 이전에 가톨릭 신자였던 사람이 무척 많다는 사실을 고려할 때, 그런 말을 사용하시는데 대해서 재고해 보시는 것이 좋을듯 싶습니다." 그러면 나는 그 사실을 깊이 생각하고 이렇게 말할 것이다. "그런 말이 그들의 기분을 상하게 할 수 있다는 사실을 깨닫지 못했군요. 그 부분에서 다른 말을 사용하는 것은 어려운 일이 아닙니다. 다른 말을 사용할 수 있습니다. 그러면 모든 사람이 즐거울 겁니다."

그러나 어떤 경우에 그는 이렇게 말할 것이다. "축구 선수를 언급하지 않는 데 대해서 생각해 보실 수 있으시겠습니까?" 그러면 나는 이렇게 말할 것이다. "그것이 장로님이 재고해 보실 수 있는 가능성 중 한 가지라 하더라도, 저는 그렇게 생각하지 않습니다. 그것은 제가 손길을 뻗치고자 하는 비교인들을 위해서 매우 중요한 일입니다." 그 장로는 항상 그렇게 하지는 않겠지만, 대개는 "이해할 수 있습니다"라고 말할 것이다.

물론, 주기적으로 이것을 바꿔 주세요, 그런 말을 사용하지 말아 주세요, 그 예화를 삭제해 주세요 따위의 의견들이 대두된다. 우리는 그 문제에 대해서 추후에 이야기할 수 있으며, 그 장로가 내게 전화를 걸 수도 있다. 그러나 우리는 그 개념에 대해서 강력한 유보 조항을 둔다. 의견이 타당한 경우에는 내가 설교의 내용을 바꾼다. 장로들(그리고 내가 평가를 요청하는 제직들)은 내가 표적을 맞추는 때와 실탄을 장전하는 데 실패하는 때를 분별할 줄 아는 사람들이다.

나는 언젠가 워싱턴 시에서 돌아 오는 비행기 안에서 한 흑인 변호사

의 옆 자리에 앉아서 나눈 대화를 예화로 사용하였다. 예배 후에 제직 중
한 사람이 나를 찾아 와 미소를 지으며 이렇게 말했다. "그 비행기 안에
있었던 변호사가 흑인이었다는 사실을 밝히는 것이 반드시 필요한 일이
었습니까? 목사님은 스스로의 공평하심을 입증하고 계셨습니까? 그 사
실을 밝히신 이유가 무엇입니까?"

나는 이렇게 대답했다. "그런 생각은 전혀 제 마음에 떠오르지 않았습
니다. 저는 단지 사실을 보고하고 있었을 뿐이었습니다. 그는 흑인이었
습니다."

그러자 그는 이렇게 말했다. "저는 많은 사람들이 왜 목사님이 예화를
말씀하시는 순간에 그가 흑인이었음을 지적하셨는지에 대해서 의아히
여기리라고 생각합니다."

나는 이렇게 말했다. "저는 다만 사실을 보고하고 있었을 뿐이었습니
다. 그러나 그 사실을 보고한 것이 많은 사람들의 마음 속에서 나의 예화
를 흐리게 만들어 수 있었다면, 그 한 마디 말은 그들로 하여금 그 예화
의 전체적인 요점을 놓치게 만들었을 것입니다."

나는 다른 설교자들이 어떤 예화 가운데 즉석에서, "저는 이 뚱뚱한
여자를 보았습니다"라고 말하는 것을 들어 왔다. 나는 내가 그렇게 말할
경우에 우리 교회의 많은 사람들이 자존심이 상하리라는 사실을 고통스
럽게 인식하고 있다. 그들은 설교의 나머지 부분을 듣는 동안 마음이 떠
났을 것이며, 내가 말한 다른 어떤 내용도 듣지 않았을 것이다. 그리고
즉석에서 한 그 말은 그 예화의 요점과 아무 연관도 없었다!

사실상, 나는 내 설교에 있어서 단순히 부주의함 때문에 부수적인 문
제들이 지배적인 문제들이 되는 데 대해 너무나 지쳤다. 그래서 나는 현
재 내 설교를 세개의 초고에 기록하고, 모든 예화의 모든 단어를 초고에
포함시키고 있다. 나는 지금 다른 설교자들이 의도적으로 선택하고 기쁘
게 제시한 훈계로 자신들에게 상처를 주고 있음을 시사하고 있는 것이
아니다. 나는 이런 편지를 읽는데 지쳤다. "목사님은 목사님이 그 사실

을 언급하심으로써 누가 상처를 입게 될지를 자각하셨습니까? 목사님이 이것에 관해서 즉석에서 하시는 말들이 이런 것을 의미할 수도 있습니다 ……."

설교를 기록하는 것은 많은 부가 급부를 제공한다. 나는 그렇게 하는 것이 설교의 뼈대를 짜는 데 도움을 준다는 사실을 발견해 왔다. 그렇게 하는 중에 요점이 드러나는 것을 볼 수 있기 때문이다. 또한 설교를 기록하는 것은 내가 사용하는 어휘의 폭을 넓히는 데 도움을 준다. 사람들은 누구나 이야기를 할 때 반복적인 언어 형태를 사용하는 경향이 있다. 그런데 사람들은 자기가 말할 내용을 기록할 때, 어떤 특정 단어를 두 페이지 전에 사용했기 때문에 그 단어를 다시 사용하는 것이 부적당한 일이라는 사실을 깨닫게 된다. 그러나 내가 메시지를 기록하는 주된 이유는 그 메시지를 전달하기 전에 그것을 읽을 때, 누가 실족할 것인가? 어떤 부수적인 문제가 지배적인 문제가 될까?를 깊이 생각하게 되기 때문이다. 그것은 나로 하여금 말하고자 하는 바를 정확하게 말하고, 요점을 방해하는 다른 문제들을 제기하지 않도록 도움을 준다.

만일 내가 준비하고 있는 설교를 읽은 후에 어떤 요점의 타당성에 관해 여전히 의문을 품고 있다면, 나는 그 문제를 놓고 어떤 장로와 대화를 나눌 수도 있을 것이다. 이것은 설교를 교정할 이차적인 기회가 없는 수요일 밤 설교에 특별히 해당된다. 장로들과 함께 예배 전에 기도 모임을 갖기 위해 모였을 때, 나는 어려운 문제를 다루고자 할 경우에 이렇게 말할 것이다. "저는 이 특정한 주제를 언급해야만 한다고 느끼고 있습니다. 그래서 저는 그것을 이런 식으로 다룰 계획이었습니다. 여러분 모두 그렇게 하는 데 만족하십니까?"

장로들이나 그밖의 신뢰하는 사람들로 하여금 각 설교를 평가하게 만드는 것은 힘든 일인 것처럼 들린다. 그러나 이러한 평가는 나로 하여금 후에 후회할 것을 말하지 않도록 여러 차례 구해 주었으며, 그 결과로 나는 평가 없이는 설교하고 싶지 않은 경지에 이르게 되었다.

## 설교들이 1년 동안 갖는 가치 평가

하지만 종종 나는 물러 서서 한 메시지 또는 한 시리즈 이상을 살펴 볼 필요가 있다. 줌 렌즈(Zoom Lenz)는 좋은 것이다. 하지만 종종 여러분은 모든 것을 시야에 잡기 위해서 광각 렌즈(a wide-angle lenz)를 사용할 필요가 있다. 나는 일찍이 메시지들이 1년 동안 갖는 가치를 살펴 보는 것이 자연스러운 일임을 발견해 왔다.

그러나 그렇게 할 수 있는 유일한 방법은 기도하고, 독서하고, 이전 해에 한 설교들을 돌이켜 볼 수 있는 장기간에 걸친 시간을 갖는 것이다. 나는 매년 여름마다 연구를 위한 휴식 기간을 가져 왔다. 그리고 나는 그 것이 나의 교수(敎授)를 개선해 왔음을 확신하고 있다. 나는 복잡한 일상의 과정을 벗어날 때 비로소 설득력 있는 영역들, 또는 무시된 영역들을 발견하게 된다. 많은 주의를 끈 주제들과 무시된 주제들을 갑자기 인식하게 되는 것이다.

그러나 설교가 1년 동안 갖는 가치가 문제가 될 때, 나는 그 설교가 사람들에게 전달 될 때까지 기다리기를 원치 않는다. 100여 편의 메시지가 전달 된 후에 평가를 받는 것은 너무 느리다. 내게 더 필요한 것은 그 해를 시작하기 전에 사람들의 관심과 흥미에 대해 듣는 것이다.

그 결과로, 나는 다가오는 해의 설교들을 계획함에 있어서 세 단계의 접근 방법을 발전시켜 왔다. 나는 모든 단계마다 사람들로부터 정보를 얻고 있다.

나는 4월에 회중으로부터 여덟 또는 아홉 명을 선출한다. 우리의 주요 표적이 되는 청중(전통적인 교회 환경 내에서 불편함을 느낄, 교외에 사는 사업가들)에 속한 사람들 중에서 대상을 선택하는 것이다. 종종 나는 고도로 창조적인 사람, 또는 그 나이, 경력, 가족 상황 면에서 회중의 커다란 부분을 대표하는 사람을 포함시킬 것이다. 나는 이 사람들에게 과제를 준다. "여러분이 속한 사회 집단들을 돌아 다니시면서 사람들이 하나님의 말씀에 근거한 분명한 가르침을 듣고 싶어 하는 문제들이 어떤 것인지를 발견하십시오. 그리고나서 그 조사에 기초하여, 그러한 필요들을 다루는 이상적인 설교 시리즈가 되리라고 생각하는 바를 종합하십시오. 시리즈의 제목, 그 주제를 분류하는 방법, 강조할 바를 생각해 보십시오. 여러분은 원하시는 어떤 사람과도 함께 작업할 수 있습니다. 그 작업을 하도록 여러분에게 주어질 시간은 삼십 일입니다."

사람들은 이렇게 생각한다. '야, 이것이 내가 들어야 하는 내용을 바꿀지도 몰라!' 그들은 동기를 부여 받게 되는 것이다. 그들은 함께 작업하는 친구들과 사람들과 대화를 나눈다. 그들 중 일부는 정보를 얻기 위해서 사람들을 집으로 초대한다.

그리고나서 이 그룹과 나는 이틀 반 동안 함께 여행을 떠난다. 우리는 식사 시간과 휴식 시간 몇 시간을 제외하고 아침 8시부터 자정까지 모임을 갖는다. 내가 하는 주된 일은 듣고 필기하는 것이다. 나는 첫번째 사람에게 이렇게 요청한다. "당신의 시리즈 제목 중 하나와 그 시리즈의 일부가 될 설교 제목 중 하나를 읽어 주십시오." 그리고나서 우리는 토론을 한다. 대개는 한 아이디어가 또 다른 아이디어를 유발한다. 그 결과로 우리는 삼십 개 또는 사십 개의 실행 가능한 설교 시리즈를 얻게 된다.

예를 들어, 나는 다음과 같은 네 메시지를 포함한 "영적 생활의 시기들"이라는 제목의 시리즈 설교를 막 마쳤다. "영적인 추구기", "영적인 유아기", "영적인 사춘기", "영적인 성인기." 그 제목과 메시지들의 분류가 바로 이 그룹을 통해서 얻어졌던 것이다.

그 후 나는 "당신이 알아야 할 사람"을 제목으로 삼은 예수님에 관한 시리즈 설교를 시작했다. 얼마나 놀라운 제목인가! 나는 그 후에도 이 그룹으로부터 얻은 또 다른 아이디어를 기초로 삼아 "추월 차선(fast lane)에 있는 가족들"이라는 제목의 시리즈 설교를 했다.

이 모임 이후로 이어지는 한 달 동안, 나는 그 그룹이 생각해낸 모든 아이디어들을 검토한다. 나는 윌로우 크릭 교회의 사역의 영역을 벗어나는 무관한 주제들뿐 아니라 지난 몇 달 동안 다룬 주제들을 제외한다. 그리고나서 그 그룹이 제안한 설교 시리즈들로부터 내가 실제로 다룰 수 있거나 흥미를 자극하는 이십 개의 시리즈를 선택한다.

그리고나서 나는 장로들과 제직들로 구성된 두번째 그룹을 모이게 한다. 우리는 삼일 동안 여행을 떠나, 다가 오는 해를 위한 설교 시리즈들을 마지막으로 선택한다. 이십 개의 시리즈 중에서 어떤 것을 어떤 순서로 설교할 것인가를 결정하는 것이다.

나를 놀라게 만드는 것은 나와 다른 각도에서 삶을 바라 보는 경건한 사람들로부터 얻어지는 지혜가 엄청나게 풍부하다는 사실이다. 지난 해의 첫번째 계획 기간에, 누군가가 두려움에 대한 설교 시리즈를 제안했다. 실패에 대한 두려움, 홀로 사는 데 대한 두려움, 죽음에 대한 두려움 등을 다루는 설교 말이다. 그 사람이 그 시리즈를 제안했을 때, 나는 그 시리즈가 결코 성공할 수 없을 거야라고 생각했다. 그 두려움들은 밤중에 나를 잠 못 들게 만드는 것들이 아니었다. 그러나 나는 두번째 그룹이 고려할 수 있도록 그것을 이십 개의 시리즈 중 하나로 남겨 두었다. 장로들과 제직들이 그 시리즈를 놓고 토론하기 시작했을 때, 나는 그들에게 그 시리즈가 성공하지 못하리라고 솔직하게 말했다. 그러나 고도의 분별력을 가진 이 사람들은 나를 바라보며 이렇게 말했다. "빌 목사님, 목사님이 이러한 두려움들과 씨름하지 않으신다는 이유가 다른 사람들이 그렇게 하지 않는다는 것을 의미하지는 않습니다. 사람들은 이런 두려움들을 갖고 있습니다. 정상적인 사람들이라면 말입니다. 이 주제가 언급될 필요가 있는 것이라는 우리 말을 받아들여 주십시오."

그래서 나는 그 시리즈가 내가 선택할 수 없었던 것이었음에도 불구하고 설교하기로 동의했다. 그러나 그들이 예상했던대로, 그것은 우리 교회에게 엄청나게 유익한 시리즈였다. 사실상, "죽음에 대한 두려움"은 최근 몇 해 동안 가장 많이 요구된 테이프였다!

## 우리의 전반적인 목표를 얼마나 잘 달성하는가

이제까지 나는 우리가 우리의 설교를 평가하는 데 사용하는 일반적인 척도들—설교 후에 사람들이 제시하는 비형식적인 의견들, 그들이 보내는 편지들, 주문된 테이프의 수, 또는 가정에서 배우자가 제시하는 의견들이다—을 언급하지 않았다. 나는 이러한 척도들이 중요하지 않다고 생각하지는 않는다. 문제는 내가(그리고 내가 생각하기에 다른 설교자들) 그 척도들에 지나친 중요성을 부여하는 경향이 있다는 것이다. 그런데 만일 우리가 주의를 기울이지 않는다면, 그것은 우리 설교에 있어서 미묘한 불균형을 초래할 수 있다.

그 일이 내게 일어났다. 그 일은 이렇게 일어났다.

윌로우 크릭 교회가 발전해 온 지난 십 삼 년 동안 사회는 굉장한 속도로 세분화되어 왔다. 우리가 교회를 시작했을 때, 아마도 우리 회중의 5퍼센트가 너무나 심한 상처를 입은 나머지 사회에서 역할을 다하고 있지 못한 사람들로 구성되어 있었다. 그들은 알콜 중독자들과 한 가정에서 성장했거나, 성적으로, 언어적으로 학대를 받고 있었거나, 버림을 받거나 이혼을 하는 등, 이런 저런 형태로 고통을 당하고 있었다. 지금은 사회 풍조 때문에 그 백분율이 아마도 15퍼센트로 증가했을 것이다.

이 시기 동안, 나는 사람들의 말을 듣고 내 설교에 관한 의견을 얻는 전형적인 방법들을 사용하는 데 주의를 기울여 왔다. 나는 누군가가 대화하기를 원하는 한 예배가 끝난 후에 교회에 남아 있으리라고 공약하고 있다. 전형적인 예배가 끝난 후에, 나는 아마도 삽십 명 정도 되는 사람들과 진지한 대화를 나누게 될 것이다. 그에 덧붙여서 사람들은 내게 편지를 쓴다. 나는 한 주에 100명에서 150명에 이르는 사람들과 접촉을 갖고 있다.

그러나 내가 최근까지 분명히 깨닫지 못했던 것은 대화들과 편지들의 샘플이 회중 전체를 반영하지 않는다는 사실이다. 그 샘플은 왜곡되어 있다. 그 이유가 무엇일까? 대화를 나누기 위해서 예배 후에 남아 있거나 편지를 쓰는 시간을 갖는 사람들이 회중 중에서 사회에서 역할을 다 하고 있지 못한 부분 출신이기 때문이다. 그들은 너무나 큰 상처를 입었기 때문에 감동이 넘친 편지를 쓰는 것이며, 너무나 큰 상처를 입고 있기 때문에 나와 대화를 나누기 위해서 기꺼이 사 오십 분 동안을 서서 기다리는 것이다.

오랜 기간 동안 너무나 은밀히 일어났기 때문에 깨닫지 못한 사실은 내가 올바르게 역할을 다하는 정상적인 사람들인 회중의 85퍼센트와 접촉를 갖고 있지 않았다는 것이었다. 그들은 자신의 삶을 진척시키고 성장하고 싶어하는 사람들이다. 내가 훨씬 더 큰 비중을 두고 접촉한 것은 15퍼센트의 사람들—도움을 요청하기 위해 부르짖는 상처받고, 궁핍한—이었다. 그들은 내가 십자가를 취하는 것과 그리스도를 섬기기 위해 그 십자가를 지고 가는 것에 관해 이야기하는 것을 원치 않았다. 내가 자기를 부인하는 것에 관해 이야기하는 것을 원치 않았다. 그리고 그들의 삶에 변화를 초래하는 것에 관해 이야기하는 것을 원치 않았다. 그들은 도움과 사랑과 격려와 양육을 받고 싶어했다.

따라서 내가 "하나님께서 여러분의 고통 가운데 함께 하실 것입니다"라는 메시지 또는 그와 비슷한 메시지를 전하고자 할 때, 설교의 효과를 평가하는 정상적인 척도들은 까마득히 높이 올라갈 것이다. 다음과 같은 내용을 전달하는 편지들과 전화들이 쇄도하기 시작할 것이다. "엄청나게 유익한 그 메시지에 감사를 드립니다." 사람들은 메시지가 바로 자신이 필요로 했던 것이라는 사실을 내게 말하기 위해 기다란 줄 안에 서 있게 될 것이다. 그리고 나는 그 모습을 보고 이렇게 생각할 것이다. '만일 내가 정말로 양 무리를 사랑한다면, 양 무리를 섬기기 위해 여기 있는 것이라면, 그것이 내가 하고자 하는 설교인 거야.'

그리고나서 나는 계속해서 여름 연구 휴가를 가졌다. 지난 오 년 동안의 설교들을 평가했을 때, 나는 미묘한 변화들을 주목하기 시작했다. 나는 다음과 같은 사실을 깨달았다. '오년 전 나의 메시지의 70퍼센트는 확고한 제자도 또는 복음 중심 메시지라고 부를 수 있는 것이었다. 오직 30 퍼센트 만이 일반적인, 유익한 메시지였던 것이다. 그러나 여러 해가 지나는 동안 그 비율은 거의 역전되었다.'

나는 「하나님을 사랑하는 길(Loving God)」을 다시 읽었다. 그 책을 다 읽었을 때, 이런 생각이 내게 떠올랐다. '척 콜슨(Chuck Colson)은 우리가 우리 교회에서 예수 그리스도께 철저하게 헌신한 제자들을 산출해야 한다고 생각하고 있군. 내가 애쓰고 있는 일은 사람들의 삶을 일시적으로 수습하는 것 뿐이야. 처진 어깨 위의 짐을 들어 주는 것 뿐이야.'

나는 스스로에게 이렇게 묻기 시작했다. '85퍼센트는 어떤가? 누가 이 사람들에게 철저한 제자도에 헌신하도록 도전하고 있는가? 그리고 누가 이 사람들에게 하나님 나라의 백성이 되도록 도전하고 있는가? 누가 이 사람들에게 그리스도를 위해 헌신할 것을 요청하고 있는가? 나는 그렇게 하고 있지 않아. 그런데 내가 그들의 유일한 설교자인걸.'

나는 의식적으로 값싼 복음을 전하기 위해 어떤 일도 하지 않았다고 매우 정직하게 말할 수 있었다. 나는 온정적인 복음을 전하고자 애쓰고 있었다. 다정다감한 목사로 하여금 한 주에 125명과 대화를 나누게 해보라. 그들 중 다수가 상처와 고통을 받고 있으며, 도움을 청하는 사람들이다. 여러분은 이렇게 생각하기 시작한다. '이미 어깨가 굽은 사람들의 어깨에 어떻게 하나님 나라의 책임을 더 올려놓을 수 있다는 말인가? 나는 그렇게 할 용기가 없어.' 내가 그러한 미묘한 변화를 받아들인 진정한 동기는 낙담한 사람들에게 더 반응하고자 하는 것이었다. 그러나 정직하게 하나님의 뜻을 추구하면서 하루 하루를 보냄에 따라서 내게 분명해지는 사실은 미묘한 변화를 받아들이는 동기가 칭찬할 만한 것이라 하더라도 그 길을 따라 계속 내려가는 것은 재난을 초래하리라는 것이었다.

이 모든 사실이 내게 떠올랐을 때, 그것은 기분을 돋우어 주는 동시에 참을 수 없는 것이었다. 나는 몇 주 동안 일어난 일과 씨름했다. 나는 돌아 와서 장로들에게 그 문제에 관해서 이야기했다. 내가 그들에게 그 문제를 일깨운 그 순간에 모든 사람이 그 사실을 깨닫게 되었다. 그들은 이렇게 말했다. "우리도 어떤 일이 일어나고 있었음을 알고 있었습니다." 그러나 하나님께서 말씀하고 계셨던 바를 듣기 위해서 몇 주일 동안 애를 쓴 나처럼 유쾌함을 맛 본 사람은 아무도 없었다. 장로들은 경건한 사람들이다. 따라서 나는 단지 그 변화를 몹시 서두르며 언급해야 할 뿐이었다. 그러자 그들은 이렇게 말했다. "바로 그겁니다. 그건 변화되어야 합니다."

우리의 해결책은 희생과 고통을 다루는 정기적인 세미나와 공동 연구회 강좌, 그리고 치료 모임을 제공하는 것이었다. 우리는 15퍼센트에게 이렇게 말할 수 있다. "여러분을 위한 자리가 마련되어 있습니다. 여러분에게 소망이 있습니다. 여러분의 문제를 정말로 해결할 양육과 훈련을 받으실 수 있는 배경이 있습니다." 그러나 그것은 우리 교회의 주일 설교가 아니라 주로 우리 상담 센터에서 이루어지고 있다. 우리 상담 센터의 책임자인 알란 맥케니(Allan McKechnie)는 내가 시도했던 대 그룹 치료로부터는 지속적인 변화가 드물게 일어난다는 사실을 지적해 주었다. 지속적인 치료는 소그룹 또는 일대일 토론이라는 배경 내에서 일어난다는 것이다.

그 말은 나를 유쾌하게 하고, 나를 풍성케 하는 가르침을 베풀 수 있도록 자유롭게 만들어 준다. 그리고 그것이 하나님께서 내게 맡겨 주신 말씀을 참되게 전하는 것이다. 그 가르침은 85퍼센트를 대상으로 한다.

예를 들어, 최근의 한 수요일 저녁 설교를 생각해 보자. 누가복음 15장에서 취한 이 수요일 저녁 시리즈 설교의 주제는 "여러분은 하나님께 중요합니다"라는 것이었다. 최근에 그 메시지를 전하는 동안, 나는 첫번째 혹은 두번째 연구를 위한 휴식 기간을 가진 후에 이렇게 말했다. "우리는 여러분이 하나님께 중요하다는 사실에 관해 여러 차례 언급하고 있습니다. 그것은 옳은 말입니다. 맞는 말입니다. 하지만 여러분에게 이렇게 묻고 싶습니다. 하나님이 여러분에게 중요합니까?"

우리의 초점이 예리해지는 결과로 일어나는 일은 재미 있다. 나는 주일 날 마치 내가 트럭에 치기나 한 것 같은 느낌을 가지고 차를 몰고 집에 오곤 했다. 나는 예배 후에 또 하루를 헤쳐나가기 위해 씨름하는 열두어 명의 사람들과 대화를 나누곤 했으며, 그럴 때마다 철저한 패배감을 느끼곤 했던 것이다. 집에 돌아 왔을 때, 린은 이렇게 말하곤 했다. "오늘 아침 메시지 정말 훌륭했어요." 그러면 나는 이렇게 말하곤 했다. "어떤 메시지 말이요? 나는 설교한 사실조차 기억하지 못한단 말이요."

그러나 이러한 새로운 생각이 떠오른 이후로도 나는 이전처럼 많은 사람들과 대화를 나눈다. 그러나 그것은 내가 요즘 설교하는 주제 때문에 일어나는 대화가 나의 활기를 돋구기 때문이다. 사람들은 하나님의 사람이 되는 것이 무엇인가를 알기 위해 씨름하고 있다. 상처를 입은 사람들조차도 자기들의 필요를 영적인 방법으로 보고 있다. 나는 치료를 하고 있는 것이 아니다. 나는 제자도를 가르치고 있다. 그러므로 그런 종류의 대화는 나를 지치게 만들지 않는다. 오히려 그것은 내게 에너지를 주입시켜 주는 것이다.

나는 이러한 체험으로부터 중요한 교훈들을 배워 왔다.

첫째로, 내 설교가 효과적이기 위해서, 내가 나의 사역의 전반적인 목표를 아는 것—계속 주의를 집중하는 것—은 피할 수 없는 일이다. 윌로우 크릭 교회에서 우리는 스스로에게 이렇게 묻는다. "우리는 어떤 결과를 원하고 있는가? 엄청난 조직—건물들과 직원들—이 있다. 그러나 마침내 사람들이 우리의 사역을 거치게 될 때, 그들의 모습이 어떠해야 하는가?"

우리는 그 질문에 이렇게 답변해 왔다. "우리는 예수 그리스도를 철저히 따르는 제자들을 발전시키기를 원한다. 그들은 그리스도인답게 생각하고, 그리스도인답게 행동하고, 그리스도인답게 관계를 가져야 한다."

나는 그 과녁을 충분할 정도로 자주 벽에 걸지 못해 왔음을 알고 있다. 나는 너무나 자주 마치 나의 사역의 목표가 사람들이 행복하고, 질서 있는 삶을 살고, 서로에게 더 많은 도움을 주는 삶을 살 수 있도록 돕는 것이기나 한 것처럼 설교해 왔다. 그건 말도 안된다! 우리는 그보다 훨씬 더 높은 곳을 향하여 화살을 쏘아야 한다. 나는 사소한 곤란을 초월하여 예수 그리스도를 따를 수 있는 사람들을 산출하는 방법으로 설교하기를 원한다.

둘째로, 나는 엄격하고도 정기적으로 이러한 목표에 대비해서 나의 설교를 평가해야 한다. 내가 설교하는 메시지들이 그 목적에 기여하고 있는가? 그 메시지들이 실제로 사람들을 그리스도께 더 헌신하도록 인도하고 있는가? 자연스럽게, 그리고 무의식적으로 그 목표로부터 벗어나기란 쉬운 일이다. 하지만 그런 일이 일어날 때, 아무리 훌륭하고, 기도로 준비한다 할지라도 내 설교는 서서히 손상을 입게 되는 것이다.

### 왜 평가에 연연하는가?

때로 나는 이렇게 생각하고자 하는 유혹을 받는다. '실수할 때마다 책망하는 장로들이 없다면, 그리고 내가 원하는 방법으로 설교하고 모든 사람의 평가에 관해서 잊을 수 있다면 훨씬 좋을텐데.'

그러나 그때 나는 내가 왜 평가를 진지하게 취급하는가를 깨닫게 된다. 그것은 내가 다른 모든 목사들처럼 의로우시며 거룩하신 하나님 앞에서 설교를 하고 있으며, 그 분이 내 설교를 평가하신다는 사실을 알기 때문이다. 새 종이철을 꺼내 새 설교 제목을 적고 그 아래 본문을 적을 때마다 나는 이렇게 기도한다. "주님, 저는 이 설교가 흠 없는 양이 되기를 바랍니다. 주님께서 정말로 기뻐하실 예배의 제물이 되기를 바랍니다. 병들고, 죽어가고, 눈멀고, 상한 양을 드린다면, 저도 기쁘지 않을 뿐 아니라 주님도 기쁘지 않으실 것입니다. 저는 그런 제물을 드리지 않을 것입니다. 그리고 주님께서도 그런 제물을 받지 않으실 것입니다." 따라서 내게는 새로운 메시지를 시작하는 것이 거룩한 일이다. 하나님께서 여러분에게 설교하는 은사를 주시고 설교 사역으로 부르신 것이 사실이라면, 그 분은 여러분에게 흠 없는 양을 기대하고 계시는 것이다.

그러나 내게 있어서 그것은 나를 자유롭게 해주는 좋은 깨달음이기도 하다. 나는 내가 좋아했었던 기준을 충족시킨다고 생각하지 않는 많은 메시지들을 전하고 있다. 그러나 그럴 때 나는 돌이켜서 이렇게 생각할 수 있다. '정말 효과적으로 준비했는가? 마땅히 그래야 했던 것만큼 무릎 꿇고 기도했는가? 그 메시지는 성경적이었는가? 장로들이 그 메시지를 인정한다고 말했는가?' 그런 질문들에 그렇다고 대답할 수 있다면, 나는 그 메시지를 제대로 전한 것이다. 그리고 그럴 경우에 나는 사람들이 어떻게 생각하든 간에 그 메시지로부터 빠져나올 수 있다. 그럴 경우에 그 메시지를 들은 사람들이 그것을 인정하지 않는다고 말하고, 그 메시지에 대해 어떤 쪽이든 극단적인 입장을 취하는 사람에게 비난을 당한다고 하더라도, 그것은 내게 아무런 영향도 끼치지 않는다. 나는 흠 없는 양을 드리려고 애씀에 있어서 아는대로 최선을 다했다. 그것이 내게 맡겨진 책임의 한계인 것이다.

나머지는 하나님께 속한다. 나는 결코 어떤 구절이나 주제에 대한 최종적인 말을 소유하고 있지 않다. 내가 나 자신의 마지막에 이르는 때가 바로 진정한 메시지가 시작되는 시점이다. 집에서 교회로 차를 몰고 갈 때 나는 이렇게 기도한다. "성령님이시여, 이제 제가 할 일을 마치고 길을 가는 중입니다. 당신의 참된 역사(役事)를 이루시옵소서. 저는 당신께서 역사하시기에 충분한 진리와 기회를 당신께 드리고자 애썼습니다. 하지만 이 사람들의 삶에 일어나는 결과는 당신께 달려 있습니다."

이 사람들은 매주 설교를 잘 하고 그리스도를 위해 사람들을 접촉하는데 따르는 어려움들을 인식하고 있다. 그럼에도 불구하고 그것은 여전히 그들의 소명이자 인생의 야망이다.

—마샬 셸리

# 결 어

이 책이 거의 완성되어감에 따라서 「리더쉽」은 세 사람의 필자가 함께 모이는 자리를 마련했다. 몇 달 동안 따로 일한 후에 함께 일할 때가 되었던 것이다. 여러분이 이미 읽은 장들 중 일부를 위한 자료를 모으는 외에도, 우리는 설교의 개인적인 측면에 관해 대화하기를 원했다.

예를 들어, 우리는 "설교자이신 여러분을 주눅 들게 하는 것이 무엇입니까?"라는 질문에 대한 답변을 듣고 싶었다.

"주일들이죠!"라고 스튜어트 브리스코가 말했다. 우리 모두는 더 진지해지기에 앞서 웃음을 즐겼다.

빌 하이벨스가 이렇게 말했다. "나를 실망시키는 것 한 가지는 내가 결코 본문을 정당하게 다룰 수 없다고 시종 일관 느낀다는 겁니다. 나는 본문을 파악하는 데 최선을 다하고, 그 깊은 의미를 발견하기 위해 힘이 닿는데까지 노력합니다…. 그리고 나서 나는 겉만 핥았을 뿐 그 책(성경)의 배후에 있는 좋은 것들 중 대부분을 내버려 두었다는 느낌이 드는 겁니다." 다른 사람들도 그의 말에 동의했다.

스튜어트 브리스코가 이렇게 말했다. "나는 내가 마음을 쏟고 심오하고 영원한 문제들을 다룬 예배를 드린 직후에, 사람들이 상관 없는 문제들을 내게 들이댈 때 실망하게 됩니다. 언젠가 나는 사우스 캐롤라이나(South Carolina)에서 일련의 모임을 열었습니다. 우리는 그 주말에 질의/응답 시간을 계획했습니다. 일주일 동안 설교를 하고나서 내가 받은 유일한 질문은 매일 밤 앞 자리에 앉아 있던 한 나이든 여자가 한 다음과 같은 질문 뿐이었습니다. '저는 제 틀니를 만들기 위해 그 치과 의사와 약속 시간을 정하려 돌아 가고 싶은 유혹을 받았답니다.'"

해돈 로빈슨은 이렇게 말했다. "우리 사회의 세속주의와 매스 미디어에 의해 형성된 사고 방식을 볼 때, 사람들이 일주일에 24시간 텔레비전을 보고 하나님의 말씀을 듣는 데는 한 시간을 보낼 때―그런 때 나는 우리가 어떤 음성을 듣기 위해 귀를 쫑그리며 광야에 있는 것처럼 느끼게 됩니다. 그 음성은 약해서 거의 들리지 않습니다. 나는 설교가 차이를 낳는다는 사실을 알고 있습니다. 그러나 문화는 반대 방향으로 달려 가는 것처럼 보입니다."

그렇다. 이 사람들은 매주 설교를 잘 하고 그리스도를 위해 사람들을 접촉하는데 따르는 어려움을 인식하고 있다. 그러나 그들은 여전히 그 일에 헌신하고 있다. 그것은 그들의 소명이자 인생의 야망으로 남아 있다. 예를 들어, "여러분의 묘비명에 글이 새겨진다면 어떤 글이 새겨지기를 원합니까?"라는 우리의 질문에 대한 그들의 답변을 주목하라.

스튜어트 브리스코는 이렇게 말했다. "나는 내 묘비명이 에즈라를 묘사했던 묘비명과 비슷한 것이 되기를 원합니다 : 그는 말씀을 연구하고 말씀대로 사는 데 헌신했습니다." 그러나 그리고나서 태평한 그 영국 사람은 과연 그답게 눈을 찡긋거리면서 이렇게 계속 말을 이어갔다. "하지만 내 아내가 이미 내 묘비명을 골랐습니다. 그녀는 자기가 내 무덤에 '여기 브리스코 잠들다. 그는 결코 큰 어려움을 기대하지 않았노라'라고 새길 것이라고 말하더군요."

스튜어트처럼, 빌 하이벨스도 성경적인 인용문을 지적했다. "바울은 사도행전 20장에서 이렇게 말했습니다. 내 안에는 마땅히 선포해야 함을 아는 바를 기꺼이 담대하게 선포하고자 하지 않는 마음이 주기적으로 있습니다. 그 절이 내 맘을 사로잡았습니다. 성령께서 이렇게 속삭이시는 것 같습니다. '물러서지 말아라. 너는 사람들이 들을 필요가 있는 것이 무엇인지를 안다. 그들이 그것을 듣고 싶어하지 않을 수도 있다. 그것이 그들에게 따뜻한 반응을 초래하지 않을 수도 있다. 그것이 그들의 인간 관계와 직업 가운데 갈등을 초래할 수도 있다. 그러나 물러서지 말아라.' 어느 날 사람들이 내가 물러서지 않았음을 깨닫게 된다면, 그것이 나의 목표가 될 것입니다."

마지막으로 우리는 "실망하셨을 때 무엇이 계속 설교를 하게 만듭니까?"라고 질문했다.

해돈 로빈슨은 이렇게 말했다. "때로는 몇 해 후에 여러분에게 '목사님이 설교하시는 것을 들었습니다. 그 결과로 그리스도를 알게 되었습니다'라고 말하는 사람들입니다. 여러 해 전에 미네소타(Minnesota)의 한 작은 마을에서 일련의 메시지를 전한 적이 있습니다. 몇몇 교회가 함께 그 일을 계획했습니다. 그러나 내가 말할 수 있는 한, 그 주에는 아무 일도 일어나지 않았습니다. 그러나 한 해 전에 내가 웨스트 코스트(West Coast)에 있을 때, 한 친구가 자신을 소개하면서 미네소타에서의 그 집회를 기억하느냐고 묻는 것이었습니다. 그는 '수요일에 두 남자가 앞으로 나왔던 일을 기억하십니까?'라고 말했습니다. 나는 그들이 그 주에 메시지에 반응을 나타냈던 유일한 사람들이었음을 기억했습니다. 그는 이렇게 말했습니다. '제 친구와 제가 그날 밤 앞으로 나갔습니다. 우리는 두가지 일을 했습니다. 우리는 그리스도를 믿었습니다. 그리고 그 분이 믿을 만한 가치가 있는 분이시라면, 우리 삶을 드릴 가치가 있는 분이시라고 결정했습니다. 그래서 지금 저는 목회 사역을 하고 있고 제 친구는 아프리카 선교사로 있습니다.' 나는 감동을 받았습니다. 나는 그것이 낭비된 한 주라고 확신하고 있었습니다. 하지만 하나님께서는 어쨌든 두 사람의 삶에 손을 대셨던 것입니다."

말씀을 연구하는 것, 말씀을 선포하는 것으로부터 물러서지 않는 것, 그리스도를 위해서 삶들을 접촉하는 것—그것이 분명히 현대 설교 사역을 정복하고자 하는 모든 사람의 과제이자 바람인 것이다.

## 현대 설교, 어떻게 할 것인가?

1993년 10월 20일 초판 발행
2002년 3월 30일 개정판 1쇄 발행

지은이 • 빌 하이벨스 외
옮긴이 • 김진우
발행인 • 김수곤
발행처 • 선교횃불
등록일 • 1997년 9월 21일 제54호
등록주소 • 서울시 송파구 삼전동 103번지
전　화 • (02)2203-2739
팩　스 • (02)2203-2738

총　　판 • 선교횃불